项目名称/项目编号/项目来源

（1）项目名称：长期护理保险基金收支平衡测算-基于制度参数优化视角资助编号：2017M612181 中国博士后科学基金

（2）项目名称：青岛市长期医疗护理保险制度运行效果评价与制度完善批准号：QDSKL1601063 青岛市社会科学规划项目

（3）项目名称：山东省长期护理保险筹资水平与保障水平适应性研究批准号：18CJJJ22
山东省社会科学规划研究项目

（4）项目名称：期权定价理论在农业保险精算中的应用研究-以山东省小麦保险为例项目编号：2016037 青岛市博士后应用研究项目

我国政策性农业保险标准化研究

赵 红◎著

中国社会科学出版社

图书在版编目(CIP)数据

我国政策性农业保险标准化研究 / 赵红著. —北京：中国社会科学出版社，2019.7 (2020.5 重印)
ISBN 978-7-5203-3944-5

Ⅰ.①我… Ⅱ.①赵… Ⅲ.①农业保险-研究-中国 Ⅳ.①F842.66

中国版本图书馆 CIP 数据核字(2019)第 008909 号

出 版 人	赵剑英
责任编辑	任　明
责任校对	夏慧萍
责任印制	郝美娜

出　　版	中国社会科学出版社
社　　址	北京鼓楼西大街甲 158 号
邮　　编	100720
网　　址	http://www.csspw.cn
发 行 部	010-84083685
门 市 部	010-84029450
经　　销	新华书店及其他书店

印刷装订	北京君升印刷有限公司
版　　次	2019 年 7 月第 1 版
印　　次	2020 年 5 月第 2 次印刷

开　　本	880×1230　1/32
印　　张	5.25
插　　页	2
字　　数	103 千字
定　　价	48.00 元

凡购买中国社会科学出版社图书，如有质量问题请与本社营销中心联系调换
电话：010-84083683
版权所有　侵权必究

摘　　要

  2013年3月1日《农业保险条例》正式实施，标志着我国的农业保险进入了规范发展的新阶段。中共中央十八届三中全会发布的《中共中央关于全面深化改革若干重大问题的决定》中提出了"完善保险经济补偿机制""建立巨灾保险制度""完善农业保险制度"等，给出了我国农业保险深化发展的基本思路。2014年6月国务院《关于加快发展现代保险服务业的若干意见》提出"积极发展农业保险""健全农业保险服务体系""拓展'三农'保险广度和深度"等农业保险发展的建议。2015年中央一号文件再次对完善农业保险制度提出了一系列的重要指导意见。在党和国家一系列政策的指导下，我国的农业保险迅速发展，在农业风险管理和农村社会发展中发挥着越来越重要的作用。2014年我国农业保险保费收入达到了325.7亿元，向3500万户投保农户支付赔款214.6亿元，为农业提供风险保障1.66万亿元。2015年农业保险原保费保费收入为374.90亿元，同比增长15.85%，2015年整个农业保险提供的风险保障达到1.9万亿元，

2016年农业保险原保费保费收入为417.71亿元，同比增长11.42%。从2007年开始到2016年，我国农业保险提供的风险保障从2007年的1126亿元增长到2016年的2.2万亿元，年均增速达38.8%。参保的农户从4981万户次，增长到现在的2亿户次，增长了3倍。承保的农作物从2.3亿亩增加到17.2亿亩，农业保险已经覆盖了所有的省份。承保农作物有190多种，玉米、水稻、小麦三大口粮作物承保的覆盖率已经超过70%。实践证明，在我国城镇化建设过程中，农业保险制度已经成为管理农业风险的有效手段。农业保险标准化是完善我国农业保险制度的一种手段。标准化可以保证各生产部门的活动在技术上保持高度的统一和协调，在社会生产组成部门之间确立共同遵循的原则，建立稳定的秩序，提高经济效益。保险业标准化是从保单标准化开始的，并在长期的发展中形成基本险标准化、附加险多样化、不同险种之间进行模块组合的过程。农业保险标准化是标准化理论在农业保险领域的具体应用。近年来，我国各级政府部门不断地加大农业保险标准的制定和修订任务，积极探索农业保险标准化的实施模式，农业保险标准化建设有力地推动着农业保险服务质量的提高和商业保险公司经营效率的改善。已有标准化相关研究文献中，鲜有关于农业保险标准化绩效评价的研究，因此，在当前深化发展农业保险的背景下，探讨农业保险标准化相关问题的研究是非常必要的。本书在借鉴国内外关于农业保险理论和标准化理论丰富研究成果的基础上，详细分析了我国农业保险标准化发展的现状，结合农业保险标准化的作用机理，定量分析了农业保险标准化的绩效，并根据绩效评价的结果对我国农业保险标准化运行机制进行了设计。本书研究结论如下。

（1）对政策性农业保险标准化研究范围的界定。本书在已有文献对标准化及农业保险概念定义的基础上，对农业保险标准的定义及研究范围进行了界定，同时从农业保险参与者的角度，探讨了农业保险标准化的作用机理。农业保险标准是指为了在农业保险及相关领域获得最佳秩序，经农业保险相关各方协商一致制定并由我国农业保险监督管理机构等公认机构批准，共同使用或重复使用的农业规范性或指引性文件。农业保险标准化通过规范农业保险术语、设立农业保险服务底线等，有效地保护了投保农户的利益。农业保险标准化通过促进分工协作，实现商业保险公司内部生产要素的优化配置，降低交易成本，从而提高了商业保险公司的经营效率。

（2）从行业整体角度对我国政策性农业保险标准化进行绩效评价，农业保险标准化作为一种技术进步，有效地促进了我国农业保险的发展。

（3）运用标准化过程理论和机制设计理论，对我国政策性农业保险标准化的运行机制进行设计。根据实证的结果，首先对我国政策性农业保险标准体系的组成进行设计，在此基础上，具体分析了政策性农业保险标准化的运行机制，以机制设计理论中的激励理论为依据，试图通过完善政策性农业保险标准体系政策性和农业保险标准化运营机制，来促进我国政策性农业保险标准化进一步发展，从而推动农业保险制度的完善。

关键词：政策性农业保险；保险标准化；农业保险标准化；绩效评价

目　录

第一章　导论 ……………………………………（1）
　第一节　研究背景 ………………………………（1）
　第二节　研究目的和意义 ………………………（5）
　第三节　研究思路与方法 ………………………（6）
　第四节　本书主要创新点 ………………………（9）

第二章　文献综述 ………………………………（11）
　第一节　农业保险研究综述 ……………………（11）
　第二节　政策性农业保险标准化研究综述 ……（23）
　第三节　已有研究评述 …………………………（30）

第三章　政策性农业保险标准化研究的理论
　　　　　基础 ……………………………………（32）
　第一节　相关概念的界定 ………………………（32）
　　一　标准、标准化与标准体系 ………………（32）
　　二　农业保险标准与政策性农业保险标
　　　　准化 …………………………………………（33）

第二节 基于公共经济学视角的政策性农业
　　　　 保险标准化分析 ……………………（40）
第三节 基于制度经济学视角的政策性农业
　　　　 保险标准化分析 ……………………（49）
本章小结 …………………………………………（57）

第四章 我国政策性农业保险标准化发展分析 ……（58）
第一节 我国农业保险的发展历程 ……………（58）
第二节 我国政策性农业保险标准化发展历程与
　　　　 现状 ……………………………………（62）
　一 我国保险标准化的发展 …………………（65）
　二 我国政策性农业保险标准化发展
　　　分析 ……………………………………（71）

第五章 政策性农业保险标准化绩效评价 …………（86）
第一节 绩效与绩效评价理论 …………………（86）
　一 绩效与绩效评价 …………………………（86）
　二 政策性农业保险标准化绩效评价的
　　　内容 ……………………………………（89）
第二节 基于政府视角的政策性农业保险标准
　　　　 化绩效评价研究 ……………………（98）
　一 评价方法的选择 ………………………（100）
　二 数据的收集与整理 ……………………（102）
　三 实证分析 ………………………………（104）
本章小结 ………………………………………（106）

第六章 我国政策性农业保险标准化运行机制设计 (107)
第一节 农业保险标准体系的构建 (109)
第二节 政策性农业保险标准化过程设计 (114)
  一 标准化过程设计理论 (114)
  二 政策性农业保险标准化过程设计 (118)
第三节 政策性农业保险标准化运行激励机制设计 (126)
本章小结 (132)

第七章 结论 (134)
第一节 结论及其实践意义 (134)
第二节 不足之处及未来研究 (135)

附录1 我国保险行业标准表1 (137)

附录2 我国保险行业标准表2 (139)

参考文献 (140)

图表目录

图 1-1　研究的思路及整体框架……………………（7）
图 2-1　标准化三角形 ………………………………（24）
表 3-1　我国农业保险标准分类 ……………………（35）
图 3-1　政策性农业保险标准化对农业保险供求影响
　　　　示意…………………………………………（57）
表 4-1　2007—2016 年我国农业保险发展统计 …（61）
表 4-2　2007—2016 年我国农业保险保费收入、财产
　　　　保险保费收入 ………………………………（61）
表 4-3　我国 2006—2016 年农业保险经办机构数目
　　　　统计…………………………………………（64）
图 4-1　我国农业保险综合标准子体系的纵向构成
　　　　分解…………………………………………（73）
图 4-2　我国农业保险专项标准体系的构成 ……（73）
图 4-3　《**省政策性农业保险工作实施方案
　　　　（试行）》内容构成 ………………………（74）
图 4-4　《**省农业保险新增补贴品种实施方案》
　　　　内容构成 ……………………………………（76）
表 5-1　2015 年各商业保险公司农业保险保费

	收入 …………………………………… （91）
图5-1	安华农业保险公司技术标准 ………… （97）
表5-2	2007—2016年我国农业保险保费收入、农业保险密度与保险深度 ……………… （99）
表5-3	2007—2014年我国农业保险保费收入、赔款支付与农业保险品种数目 …………… （103）
表5-4	2005—2014年我国农业保险标准数目统计标准 …………………………………… （104）
表5-5	农业保险标准生产函数估计结果 …… （105）
图6-1	保险标准体系总框架 ………………… （111）
图6-2	农业保险标准体系构成 ……………… （112）
图6-3	标准化过程模式 ……………………… （115）
图6-4	政策性农业保险标准化流程 ………… （126）
图6-5	农业保险标准化激励机制构成 ……… （128）

第一章 导论

第一节 研究背景

随着我国农业保险制度的不断深化改革和发展，各项支持农业保险发展的新政策不断出台，农业保险新品种、新业务不断涌现，商业保险公司内部、保险公司之间数据交换和数据管理任务日益艰巨，同时投保农户对农业保险服务品质的要求也不断增强，农业保险要降低交易成本，减少操作风险，提高市场效率就必须建立一整套具有国际水平的保险技术、业务、管理和服务标准。采用和制定农业保险标准既有利于提高商业保险公司的经营效率，也有利于提升商业保险公司的整体实力。我国农业保险标准化虽然起步较晚，但近年来取得了快速的发展。2005年全国金融标准化技术委员会保险分技术委员会成立，在中国保险业监督管理委员会的正确领导下，各保险机构的积极参与下，社会各界认真研究了农业保险的发展现状与发展趋势，全国金融标准化技术委员会保险分技术委员会在充分借鉴了国内外保险标准化经验的基础上，开始了我国农业保险标准化体系的建设。《保险术语》是第一个保险行业制定的保险标准，深刻影响了包括农业保险在内的所有保险品种，其后不断有与农业保险相关的标准和规范文件的出台，农业保险相关标准或规范的出台对规范我国商业保险公司农业保险业务经营、完善农业保险制度起到了积极作用。2014年《国务院关于加快发展现代保险服务业的若干意见》提出"大力推进条款通俗化和服务标准化""鼓励保险公司提供个性化、定制化产品服务""减少同质低效竞争"等促进农业保险标准化发展的意见，指出了我国农业保险标准化发展的方向和定位。2016年中国保监会关于印发《中国保险业标准化"十三五"规划》，提出了"推进新型保险业标准体系建设"等的发展任务，在扩大新技术领域标准供给方面，针对农业保险提出了"制定基于遥感技术的农业保险精确承保和快速理赔标准，规范遥感技术在农业保险承保和理赔中的应用，包括农作物面积、灾情快速评估、灾情精确评估等标准"等具体的发展目标，进一步明确了农业保险标准化的发展目标。

我国的保险标准化经历了《中国保险业标准化"十一五"年规划》《中国保险业标准化"十二五"规划》《中国保险业标准化"十三五"规划》三个规划的发展时期，学界关于保险标准化建设的必要性和意义进行了大量的探讨，但鲜有学者开展关于政策性农业保险标准化绩效评价问题的研究。农业保险标准化是否改善了政策性农业保险服务质量？政策性农业保险标准化建设是否提高了商业保险公司的经营效率？政策性农业保险标准化在多大程度上促进了整个农业保险行业的发展等问题，都亟待通过对政策性农业保险标准化的相关研究来回答，因此，加强政策性农业保险标准化问题研究，显得十分有必要而且紧迫。本书的研究背景主要体现在以下几个方面。

政策性农业保险标准化是完善我国农业保险制度的必然要求。农业保险标准化建设的目的是完善我国农业保险制度。政策性农业保险标准化是标准化原理在农业保险领域的应用，党的十八届三中全会以来，我国政策性农业保险迎来了标准化的重要机遇期。国家和各级政府的积极支持。经过多年的发展，保险行业内部对政策性农业保险标准化的作用已经有了一定的共识。经办农业保险业务的商业保险公司数量及其农业保险的业务范围处于一个快速发展的阶段，商业保险公司的综合实力不断增强，基本具备了农业保险标准化投入的能力。我国整个保险业都处在一个全面提升标准化水平的关键时期，养老保险、医疗保险等的标准化建设都取得了一定的成果，这为我国政策性农业保险的标准化提供了良好的"软环境"。随着农业保险迅速发展，相关的农业保险国家标准、农业保险行业标准、农业保险地方标准不断出台，各经营农业保险的商业保险公司在积极执行农业保险行业标准和农业保险地方标准的同时，研究制定符合自身业务特点的农业保险企业标准。农业保险标准化作为完善农业保险制度的一种手段，这个手段的效果如何，亟须得到检验和论证，农业保险标准化绩效评价就是检验的一个有效方法，通过农业保险标准化绩效评价研究，分析农业保险标准化在哪些方面，多大程度上促进了我国农业保险发展，哪些方面需要在接下来的农业保险标准化建设中加以改善等。通过对这些问题的回答，以期能够找到完善我国农业保险制度的新对策。

政策性农业保险标准化研究是完善我国农业保险标准体系的必然要求。通过政策性农业保险标准化研究，考察我国政策性农业保险标准体系的效用，发现各项农业保险标准体系在实施中存在的问题，为我国农业保险标准化体系的完善和农业保险标准化运行机制设计打下理论基础。政策性农业保险标准化是推进我国保险业标准化建设的必然要求。我国的保险标准化建设已经历经了数十年的历史，保险标准化是否达到了预期的目的和意义成为一个亟待考察的问题。"十二五"期间是我国保险业改革发展的关键时期。标准化作为科学管理工具，需要进一步顺应行业发展需求、支撑行业发展需求，更加充分有效地发挥作用。学界关于保险标准化必要性和意义的研究较多，鲜有文献展开对农业保险标准化方面的研究。同时通过以农业保险标准化为例对保险标准化的绩效进行评价研究，将有助于我们发现保险标准化建设过程中存在的问题，为今后保险标准化工作进一步的发展提供实践支持。

第二节　研究目的和意义

政策性农业保险标准化的目的就是以各项农业保险标准为手段，一方面，不断提升商业保险公司对农业保险业务的经营管理水平，促进农业保险的供给；另一方面，政策性农业保险标准化建设通过规范农业保险承保服务、农业保险理赔服务等，能够使得农户获得更高质量的农业保险服务，促进农户对农业保险的有效需求，因此，政策性农业保险标准化能够从整体上促进农业保险的深化发展。本书的研究目的包括，首先，通过对农业保险标准化相关概念的界定和农业保险标准化的作用机理分析，为我国农业保险标准化绩效评价研究提供了理论基础和依据。其次，运用保险学、标准化学等学科的相关理论，深刻分析我国的农业保险标准体系并对其绩效进行评价，以评价的结果为基础，对农业保险标准化运行机制进行设计，使农业保险标准化真正有效促进我国农业保险制度的完善。

本书的研究意义有三点：第一，政策性农业保险标准化研究有利于标准化理论在保险领域的应用和发展。本书在借鉴国内外关于农业保险标准化经验的基础上，结合保险学理论、公共经济学理论以及标准化理论等，根据我国行业农业保险标准化和企业农业保险标准化的具体情况，对我国农业保险标准化的绩效进行评价，根据农业保险标准化绩效评价结果对我国农业保险标准化的运行机制进行设计，一方面可以促进我国农业保险标准建设的有序推进，另一方面丰富了标准化理论在农业保险领域的应用研究。第二，政策性农业保险标准化研究有利于我国农业保险的深化改革和发展。对政策性农业保险标准化进行研究，能探索并完善我国农业保险发展和农业保险标准化建设中的问题。本书在发现农业保险标准化过程中存在的问题的同时，以相关经济学理论为指导，积极探索解决这些问题的方法和路径，促进农业保险标准化的发展和农业保险制度的完善。第三，政策性农业保险标准化研究丰富了我国保险标准化的实证研究。已有研究中关于保险标准化的理论研究较多，鲜有学者对我国保险标准化的绩效进行评价，本书的研究丰富了保险标准化的实证研究。

第三节 研究思路与方法

本书采用由理论到实践、由一般到特殊、规范分析与实证分析相结合的思路开展研究。基于这一研究思路，本书首先对国内国外农业保险标准化理论进行梳理总结，在分析农业保险标准化相关理论基础上，探讨了我国农业保险标准化的作用机理，同时对我国政策性农业保险标准化的发展现状进行了分析。其次，本书以相关经济学理论为指导和依据，对政策性农业保险标准化的绩效进行评价。最后，利用绩效评价的结果，结合标准化过程理论和激励理论，对我国农业保险的标准化框架体系和运行机制进行了设计，以期找到完善我国农业保险制度的路径与对策。研究路线图如图 1-1 所示。

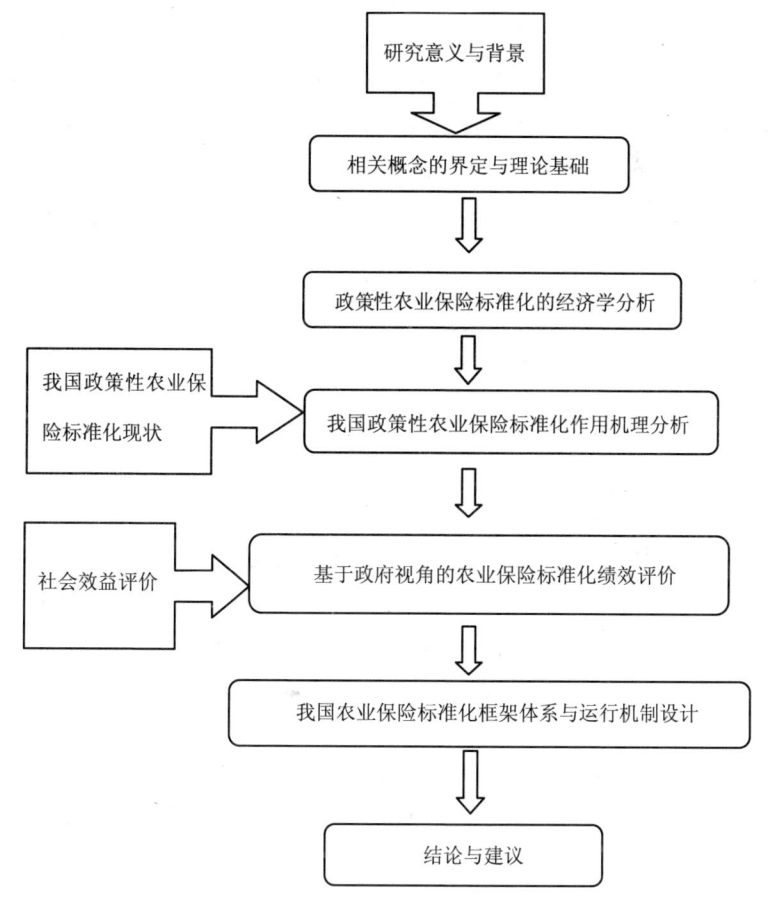

```
                    ┌──────────────────┐
                    │   研究意义与背景   │
                    └────────┬─────────┘
                             ↓
                    ┌──────────────────┐
                    │ 相关概念的界定与理论基础 │
                    └────────┬─────────┘
                             ↓
                    ┌──────────────────────────┐
                    │ 政策性农业保险标准化的经济学分析 │
                    └────────┬─────────────────┘
                             ↓
┌──────────────┐    ┌──────────────────────────┐
│ 我国政策性农业保 │──→│ 我国政策性农业保险标准化作用机理分析 │
│ 险标准化现状   │    └────────┬─────────────────┘
└──────────────┘             ↓
┌──────────────┐    ┌──────────────────────────┐
│  社会效益评价  │──→│ 基于政府视角的农业保险标准化绩效评价 │
└──────────────┘    └────────┬─────────────────┘
                             ↓
                    ┌──────────────────────────────┐
                    │ 我国农业保险标准化框架体系与运行机制设计 │
                    └────────┬─────────────────────┘
                             ↓
                    ┌──────────────────┐
                    │    结论与建议     │
                    └──────────────────┘
```

图 1-1　研究的思路及整体框架

为了达到研究目的，本书主要采用了如下研究方法。

定量分析和定性分析相结合。在政策性农业保险标准化绩效研究中，定量分析和定性分析两者缺一不可，使用定性分析法对政策性农业保险标准化发展现状进行分析，使用定量分析法研究政策性农业保险标准化对商业保险公司经营效率的影响和度量政策性农业保险标准化对农业保险整体发展的贡献度。

静态分析和动态分析相结合。本书将这两种方法结合起来，对政策性农业保险标准化绩效进行研究分析；对中国政策性农业保险标准化作用机理的分析采用的就是静态分析的方法；分别从不同角度对政策性农业保险标准化绩效进行评价则采用的是动态分析的方法。

实证分析和规范分析相结合的研究方法。本书在政策性农业保险标准化运营机制的研究过程中分析了农业保险制度安排、农业保险政策等问题，这些属于价值判断的范畴，属于规范分析。对已有的农业保险标准，必须基于对所研究的问题进行实证分析，考察政策性农业保险标准化的实际绩效，更好地完善政策性农业保险标准化运行机制并进行框架设计，属于实证分析。规范分析和实证分析在本书中将得到有机结合。

文献研究和实地调研相结合的方法。有关农业保险方面的文献资料已经比较多，使用文献研究法对已有的文献资料进行搜集和整理。使用实地调研法，对农户和商业保险公司进行了实地调研和问卷调查，获得本书实证研究所需的资料。

历史分析和逻辑分析相结合的方法。在论述所涉及的内容时，本书以我国农业保险和政策性农业保险标准化现状为基础，以标准化理论为支撑，把逻辑分析方法和历史分析方法相结合起来，采用先一般、后特殊、再综合的方法，全面系统地研究政策性农业保险标准化问题，对政策性农业保险标准化发展的各个方面展开论证，厘清内在的逻辑联系，同时借鉴国外政策性农业保险标准化的理论和实践，对我国政策性农业保险标准化运行机制加以分析，试图提出解决问题的合理措施。除此之外，本书还使用了模型分析法、归纳与演绎方法等。

第四节　本书主要创新点

本书在总结国内外农业保险和标准化研究成果的基础上，从农业保险制度的参与者的角度探讨了政策性农业保险标准化的相关问题，并进行了实证研究。研究的创新点可以归纳为研究视角创新、研究方法创新等。

（1）政策性农业保险标准化尚处于初级发展阶段，本书根据政策性农业保险标准化绩效评价的结果，结合标准化过程理论和激励理论对我国政策性农业保险标准化运行机制进行了设计，以期找到促进我国政策性农业保险标准化发展的路径和对策，这些结论为我国政策性农业保险标准化决策有一定的理论和实践指导价值，理论上具有一定的创新性。

（2）目前我国对保险标准化的研究，多集中于保险标准化的必要性和可行性问题的探讨上，较少文献对保险标准化的绩效评价问题进行研究，对政策性农业保险标准化绩效评价的研究更少之又少，对保险标准化绩效评价的视角多集中于商业保险公司内部。本书以保险学理论、标准化理论和管理理论为基础，从政府的视角对政策性农业保险标准化进行绩效评价，研究视角和研究内容具有一定的创新价值。标准化绩效评价工作在农业、旅游业等领域的应用和发展比较成熟，但是尚未在保险业进行应用。柯布道格拉斯生产函数模型是研究经济增长的经典模型，资本、劳动和技术进步是生产函数模型的重要变量，本书在借鉴已有研究的基础上，将农业保险标准引入柯布道格拉斯生产函数模型来考察农业保险标准对农业保险行业发展的影响，对保险标准化绩效评价研究在方法上有一定的拓展创新。

（3）本书在对政策性农业保险标准化理论分析和政策性农业保险标准化绩效评价的基础上，对我国政策性农业保险标准化的运行机制进行了设计，有利于我国政策性农业保险标准化的深化改革和发展。

第二章 文献综述

第一节 农业保险研究综述

国外关于农业保险的研究包括农业保险市场失灵、农业保险财政补贴及农业保险的逆选择和道德风险等方面。Valgren（1922）分析了美国私人保险公司在两个地区开展农业保险的失败经历。Miranda 和 Glauder（1997）认为系统性风险是导致私人保险失灵的一个重要原因。Ahsan 等（1982）认为对以增加食物供给为政策目标的欠发达国家，对农业保险进行公共补贴是必要的。Wright 与 Hewiit（1994）研究发现如果没有政府支持，历史上农业保险相关险种的商业化经营均以失败告终。Knight 与 Coble（1997），Glauber 与 Collins（2002），Sherrick（2004）等均认为农业保险的开展离不开政府的补贴。Goodwin 和 Smith（1995）认为，逆选择是保险人无法精确精算出合适保费造成的直接后果。Just 和 Calvin（1999）通过深入调查分析认为农民参与农业保险的动机主要来自政府的补助和农业保险逆选择的可能性。Shaik 和 Ahvoad（2002）

对 1997—2000 年美国棉花保险的逆选择成本的变动范围进行了实际测算。

国内对农业保险的理论研究起始于 1935 年。王世颖（1935）对农业保险的组织形式问题进行了探讨。[①] 1982 年，中国人民保险公司开始重新开办农业保险业务。国内学者对农业保险的研究包括农业保险性质、农业保险作用、农业保险发展模式、农业保险需求、农业保险补贴问题、农业保险运行效率与监管等方面。

农业保险性质方面的研究具体包括农业保险特点分析、农业保险作用分析等。农业保险特点和性质分析方面。葛孚桥（1987）从农业保险特点入手，提出发展农业保险应提高认识，完善配套设施。徐文虎（1987）提出应当把农业保险主要当作政策性保险、农业保险费应实行多层次负担原则、农业保险的险种不宜过多过细等发展思路，同时强调注意开展农业保险应采取积极慎重的政策、加强农业保险的经营管理工作，同时应重视农业保险的分保问题。农业保险公司从业人员研究。颜廷志（1990）从农业特点入手，分析了农业保险的职业特点，提出了农业保险从业人员的道德规范，从农业保险从业人员道德建设的角度提出了发展农业保险的对策。李军（1996）、任泽华（2008）、周建波等（2010）分析了农业保险准公共物品属性，提出发展农业保险离不开政府的支持"政府

---

① 张跃华等：《1935 年以来中国农业保险制度研究的回顾》，《农业经济问题》2006 年第 6 期。

干预+市场化经营"是最恰当的解决方法。费友海（2005）基于福利经济学角度分析指出我国农业保险发展困境的根本成因是农业保险自身的外部性和准公共物品的特性。郭永利（1999）分析论述了农业保险的政策性。提出应加强农业保险立法、改革农业保险的经营体制、农业保险的发展应该因地制宜等对策与建议。张跃华等（2016）提出政策性农业保险实质上是一种支农政策，与其他支农工具一样可以在不同程度上提高农户福利，但其重要性并不在于农业保险本身的性质，而在于农业保险与其他支农工具相比所具有的特性。农业保险的作用方面。温远达（1988）分析指出农业贷款与农业保险是相统一的，提出了保贷结合来促进农业保险发展。景永平（1992）论述了在风险性农业投资活动中，农业保险在改善资源分配、增进社会福利方面具有特殊作用，同时进一步分析了在农业保险状态下，影响资源分配的主要参量和因素。农业保险对农民收入的影响。梅方权等（1994）提出我国农业自然灾害呈现加重趋势，农业经济体制由计划经济转变等社会背景，要求以灾害救济为主转向农业保险为主。张小东等（2015）研究发现除北京市以外，其余省份的农业保险对农民第一产业经营收入都有正向的促进作用，但各区域的贡献度差异明显。聂荣等（2013）研究发现政策性农业保险对于农户具有显著的平滑消费、规避农业风险的福利效应。

农业保险发展模式方面。学者分别从农业保险灾害特点分析、农业保险经营主体、国内经验分析等角度入手探讨农业保险发展的具体模式。农业保险灾害事故方面：高荣根（1989）从分析农业保险灾害事故入手，根据事故特点提出了农业保险业务实践指导意见。陈年红（1996）结合我国农业自然灾害的状况，分析了我国农业保险严重滞后的原因，提出建立符合我国国情的农业合作保险体系等对策。乔桂明（2002）分析了我国农业面临的三大风险，从供给与需求的角度分析了我国的农业保险，指出建立以需求为导向、险种多样化的市场机制；引入再保险机制等农业保险发展的建议与对策。邱波等（2016）通过现实测算和理论分析，得出巨灾风险控制可以有效提升农业保险效率的结论，并针对如何提高我国农业保险效率提出了对策与建议。农业风险分散机制。吕晓英等（2014）通过对我国农业保险大灾风险分散方式进行了模拟研究，提出未来我国农业保险大灾风险分散制度融资方式等相关建议。何小伟等（2013）以吉林、安徽、四川等省为例论证了财政支持农业大灾风险分散机制的必要性，总结了财政支持农业保险大灾风险分散机制的主要方式，并结合我国实际探讨了财政支持农业保险大灾风险分散机制的具体实施路径。农业保险经营主体龙文军（2003）、周延等（2010）应用博弈理论，对农业保险主体——农民、政府、保险公司三者的行为进行分析，探讨了三方如何通过有效合作来实现农业保险迅速发展。何文炯等（2012）对《农业保险条例》征求意见稿中关于农业保险目标、定义及农业保险经办主体及运作方面的若干问题进行了深入的分析,并提出修改建议。李明贤(2014)、郭军等(2016)研究发现我国政策性农业保险系统各主体利益的协同度低,我国政策性农业保险系统处于低有序的发展状态。同时农业保险的财政补贴在政策性农业保险系统从混沌到有序的发展过程中起着至关重要的作用,政府应当坚持农业保险财政补贴,提高补贴效率。国内城市开办农业保险经验分析:刘祖疆(2000)、顾海英等(2005)、张跃华等(2007)分别介绍了新疆兵团保险公司的农业保险开办实践、浙沪苏等实施农业保险的经验,得出了在保险公司经营、险种发展等方面的对策和建议。高庆鹏等(2012)通过测算对比北京市、江苏省、安徽省的农业保险巨灾风险制度中政府和保险机构各需承担的赔付责任,总结了各种农业保险模式的特征及使用条件。国外农业保险经验借鉴:包括农业保险经办经验分析、农业保险发展模式介绍、农业保险立法经验介绍等。赵晓光(1984)介绍了日本牲畜保险和农作物保险的保费缴纳流程和赔付状况。农业保险理论研究、险种拓展等,如费德盛(1986)和陕西省保险公司农险课题组(1993)通过借鉴国内外农业保险的发展经验对我国农业保险发展提出对策与建议。郑功成(1989)、黎淑英(1994)、丁少群(1997)、王亚军(1999)、罗帅民等(1997)、罗帅民等(1998)、邢炜等(1999)分别介绍了西班牙、日本、俄罗斯、菲律宾、墨西哥等国家农业保险制度的特点、管理体制及改革，提出了促进我国农业保险发展的具体措施。黄延信（2008）分析了西班牙、意大利、葡萄牙三国政府部门在发展农业保险中的作用，以期为完善国家对农业的支持保护体系找到借鉴。庹国柱等（2000）分析比较了美国、加拿大、日本等几个典型国家农业保险立法的背景、内容及其变化，以期为我国农业保险立法找到借鉴。农业保险经营模式：杨松海（1991）、郭永利（1995）、王明涛等（2002）提出结合我国农业保险发展的特点、农民的实际情况及保险市场发展，我国农业保险适宜走互助合作保险的道路，并对农村保险合作社模式及经营范围提出了一些构想。蒋和平（1992）提出我国农业保险的发展模式应该是：以国家集中统一的农业保险机构为主经营社会保障性的农业保险和再保险；丁少群等（1993）从保险标的的性质和我国经济发展的阶段性出发，提出了农业保险阶段性模式的构想。杨满社等（1993）从福利经济学的角度出发提出了全国农业保险试办应进行全面规划和协调、加强保险立法工作、加强对农业保险的政策支持、加强基础研究等农业保险发展的对策。王通（1994）提出构建农业保险经营模式的总思路应该坚持以国家为后盾，走共同联合办理的道路。周海波（1994）提出结合我国实际，我国农业保险经营的理想模式是在农业保险合作社的基础上建立农业保险股份有限公司，分析了这种模式的优点。孙文军

(2000）分析了我国农业保险模式及其利弊，通过分析指出联合共保模式是近期农业保险发展的基本模式选择。谢家智等（2003）认为根据农业保险的特点和我国的国情，我国应该推进政府诱导性农业保险发展模式。周县华等（2017）研究认为政府应采取强制投保农业保险的形式，并适当提高强制投保比例及保费补贴比例。

农业保险需求及影响因素分析：农业从业者特点方面。王治民（1986）提出用农民可以听得懂、看得明白的形式进行宣传，大力普及保险，应注意农业保险费率差异化等问题。王明初等（1986）指出农民生活水平还较低，负担不起较高费率的保费等因素是阻碍我国农业保险发展的最根本的原因，所以应该采取国家支持和鼓励等手段促进农业保险的发展。

姜岩等研究认为农业保险高交易成本的存在对供需双方均产生了抑制。张跃华等（2005）从效用层面的角度，对农业保险的需求不足给予了解释。宁满秀等（2005）以棉花保险为例通过实证研究发现在没有农业保险补贴的情况下，农户对农业保险的需求主要受农业生产风险的大小、棉花专业化生产程度、总耕地面积、户主务农时间长短等因素影响。陈妍（2007）指出农户的家庭收入，耕地面积及受访者的受教育年限和务农年限，对农业保险的购买意愿有明显影响。俞雅乖（2009）研究认为农业产业化通过强化农户的风险意识和提高农户的支付能力来增加政策性农业保险的有效需求；同时，通过提高农户的组织化程度和加强农户的合作机制来降低政策性农业保险的道德风险。李林等（2010）对农户的农业保险满意度分别进行了动态和静态分析，针对农户对农业保险满意度分布状态，提出了相应的措施。余博等（2014）研究发现当前保险机构对农业保险需求有较强的排斥性，这对农业保险市场有强烈的抑制作用。

农业保险保费补贴问题研究：邢郦等研究发现投保后农民务农收入趋于上升和稳定，同时，补贴率的高低也对农民收入有明显影响。施红（2008）从保费补贴和交易成本两个方面剖析了政策性农业保险运作效率的影响因素，提出不同国家应根据本国国情确定合适的保费补贴政策。通过机制设计降低交易成本成为提高政策性农业保险运作效率的关键。张祖荣（2009）指出对农业保险试行财政补贴是解决农业保险市场失灵的有效途径。侯玲玲等（2010）研究发现保险补贴对农户购买行为具有显著影响，但农业保险保费补贴政策有待完善。杜辉等（2010）认为以政府财政保费补贴为标志的政策性农业保险在试点阶段暴露出多个问题，亟待从支持政策等方面予以制度创新与政策调整。肖卫东等（2013）分析了我国农业保险的公共财政补贴中存在的问题，提出了重新认识和调整公共财政补贴农业保险的主要目标等完善和优化农业保险公共财政补贴的措施。农业保险保费补贴效率方面。苏占伟（2015）分析了认为现行农业保险运行中的弊端及财政补贴方案的完善逐渐凸显，建议从突破瓶颈因素、促进农业保险体系创新等方面入手进一步规范市场行为、完善农业保险制度。江生忠等（2015）研究认为农业保险财政补贴效率有待提升，应适度调控地方政府对于市场干预的程度，农民意识有待提升，应有效控制市场主体数量，健全推出机制。刘璐（2016）等研究发现预防性财政支农政策和补偿性财政支农政策对农业保险需求存在的挤入效应，强调政府应合理规划与配置各项财政支农政策和农业保险补贴的比例。

农业保险运行效率与监管方面。农业保险公司建立：戴善昌（1993）探讨了建立地方性、专业性、政策性的农业保险公司的必要性和可行性。李明强等（2006）分析指出应当使商业八年公司成为农业保险市场的主角，同时证明了商业保险公司可以建立有效的风险集合来承担农业风险。秦立生（2002）分析介绍了通过科技兴农企业与保险公司合作进行农业保险营销创新来促进农业保险发展的实践经验。孙蓉等（2013）利用面板数据回归分析发现，中国农险公司存在虽减弱但仍明显的规模经济和范围经济，实证结果支持农业公司扩大规模，加强多元化经营尤其是发展非农险业务，扩展经营区域。农业保险发展中的问题及解决手段：郑经恩（1988）提出了通过立法、统筹、免税和改革来解决农业保险在地区之间、险种之间发展极不平衡，种植和养殖业保险发展极为缓慢问题。

夏道毅等（1989）、郑秋根（1991）、王艳平（1994）、谢家智（1999）、王国敏（1999）、朱俊生和庹国柱（2009）分别从不同视角分析认为阻碍农业保险发展的问题，提出了通过提高农业保险的认识、建立合理的农业保险经营体制、完善农业保险理论体系、建立独立的农业保险基金、逐步实行法定保险、国家政策倾斜等措施来促进农业保险的发展。胡旭方（1992）探讨了我国农业保险中存在的观念问题、农业保险的性质问题、农业保险的职能问题、农业保险的财政补贴问题等若干基本问题，针对每个问题提出了解决思路。曹前进（2005）认为政策性农业保险无法解决我国农业保险市场的萎缩问题，金融和技术等市场创新，有助于从根本上解决农业保险问题。杨卫军等（2010）研究认为交易费用过高是阻碍我国农业保险市场发展的主要原因，纠正供需失灵的关键在于降低供需交易成本，突出农业保险的正外部性，加大政府的政策支持和财政补贴。袁辉等（2010）采用模型对中国农业保险市场非均衡运行进行了检验，探讨了减小和消除中国农业保险市场非均衡运行的对策。杨新华（2010）、丁少群等（2012）分别探讨论述了政策性农业保险发展中激励的问题，探讨如何进一步对政策进行完善。陈盛伟（2010）分析了我国2003—2010年政策性农业保险发展的成绩，同时提出政策性农业保险试点需要在制度层面上需要解决的问题。陈晓安等（2012）从政府与市场的角度，对政府介入解决我国农业保险相关问题的定位及行为路径进行了探讨。朱淑芳、赖景生（1994）分析了我国农业的特点以及我国开展农业保险的障碍因素，提出了对农业保险实行统一管理、农业保险经营模式的多元化等农业保险体制的构建设想。林乐芬等（2017）研究发现农业保险理赔仍存在较大的优化空间，农户对理赔效率较满意，但网点设立不足。中央补贴影响、农户基本特征等因素对不同农业经营主体评价理赔效果具有显著影响。农业保险运行效率与监管。农业保险经营效率：周文杰（2014）利用 2007—2012 年中国农业保险的经营数据，基于交易成本角度，对中国农业保险效率进行了实证研究，具体分析比较了养殖业保险和种植业保险的效率。农业保险经营过程中的道德风险：欧阳越秀等（2010）利用农业保险市场均衡模型，对系统性风险、逆向选择和道德风险问题进行探讨和分析。李勇杰（2008）系统分析了农业保险中道德风险存在的内涵机理和道德风险产生的因素。金大卫（2009）从政府、保险公司、农户三方互动视角构建政策性农业保险道德风险的调控机制。施红（2010）提出道德风险也存在与农业保险公司为控制保险公司的道德风险，应根据政府与保险公司的风险偏好，构建由低风险报酬和高风险报酬共同组成的激励机制。程静（2010）、王国军等（2017）分析了我国农业保险的信息不对称问题。张芳洁（2013）对政策性农业保险中投保农户道德风险进行了博弈分析，进一步探讨了最优政策性农业保险合同，提出加快农业保险立法等措施来降低道德风险的发生。温燕（2013）分析认为农产品价格对农业保险投保和道德风险具有一定影响。具体险种分析：张平（1987）探讨了种植业、养殖业保险低保额低收费的问题、大牲畜保险应实行统保、不应限年龄以及生猪保险的途径。丁少群、高文平（1995）以陕西省较陈宫的烤烟种植成本保险出发，分析了农业保险的险种选择与设计。提出在选择和设计农业保险险种时，必须遵循四个原则。丁少群（1996）分析了山东德州地区开展棉花雹灾保险的实践，农业保险创新方面。张慧茹（2008）、魏华林（2009）对我国进行天气指数保险合约实验的必要性及可行性进行了探讨。农业保险监管：李军等（1999）农业保险需要法律来规范，立法是开展农业保险的依据和保证，我国农业保险立法条件基本成熟，农业保险立法刻不容缓。邓义等（2013）认为我国农业保险监管低效的根源在于监管法律制度缺乏、监管执行低效、司法保障不力。从契约执行机制看，应完善监管法律制度，以法律制度高效执行为重点，以司法权威为保障，构建强有力的外部监管体系。农业保险基金的发展：申曙光（1994）提出了建立农业风险专项基金的总体方案，讨论了农业保险法制建设的问题。曾宪影（2000）分析指出资金来源渠道单一、基金管理分散，运行不畅、险种结构不合理是我国农业保险基金存在的基本问题，在此基础上提出界定农业保险的基本属性、筹资渠道多元化、基金投放专项化、经营管理制度化、法制化等发展我国农业保险基金的对策。随着我国农业保险制度框架的基本建立，学者们对农业保险的研究重点开始转向农业保险制度的完善。庹国柱等（2014）提出加速建立中央和省两级农业保险大灾风险分散制度、尽早建立农业保险费率精算制度及合理调节机制措施来促进我国农业保险制度的完善。王新军、赵红（2014）以机制设计理论的激励理论为基础讨论如何通过激励手段集合设计等方法来促进农业保险的深化改革和发展。赵红（2014）以博弈论的相关理论为基础，分析了农业保险制度中商业保险公司的激励问题。

第二节　政策性农业保险标准化研究综述

标准化是人类在长期生产实践过程中摸索和创立的一门科学。主要是对科学、技术与经验领域内共同使用和重复使用的事务和概念制定规范性文件的一门科学，获得应用领域内的最佳秩序是标准化的最终目的。一般来说，标准化由标准制定、标准发布与实施标准三个基本环节构成，如图2-1所示，标准化三角形常被用来反映标准化各个环节之间的关系和标准化的运行过程。

工业领域是最早发展标准化的领域，各种管理标准和技术标准在工业领域的应用以及完善使得工业生产力获得了极大的发展，随后标准化在农业和服务业

```
          ↑
    标          标
    准          准
    反          制
    馈          定
   ↙              ↘
        标准实施
```

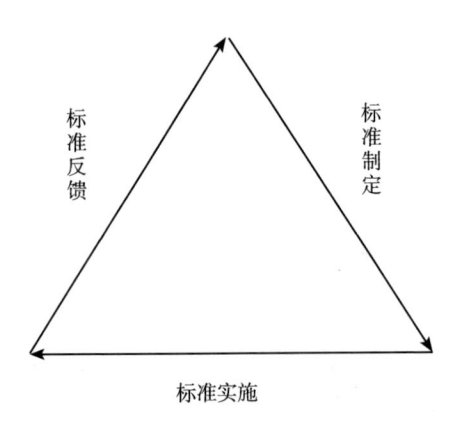

图 2-1　标准化三角形

中被广泛应用。标准化理论方面主要包括标准化创新理论、标准化效益理论、标准化竞争理论、标准化公共品理论、标准化全球理论和标准化惰性理论等。裴光等（2008）对各标准化理论进行了分析和总结。[①] 标准化创新理论的主要人物是肯·克莱切默尔和格雷乔治·台赛以及美国国会技术评价室（OTA）等。相关研究的主要思想是：标准化是微观经济基础的一个重要组成部分，是推动创新、隔阻无谓创新的经济行为。标准化的效益理论，由戴维·赫蒙威（1975）首次提出。彼得·斯旺是该理论的领军人物。他的主要观点是：标准化有益于企业发展。标准化的竞争理论，由法瑞尔和赛龙勒首先提出，彼得斯旺和泰穆勒尔也对

---

① 裴光、徐文虎：《中国保险业标准化理论研究》，中国财政经济出版社2008年版，第2页。

该理论的发展做出了贡献。他们的主要观点是,标准化加剧了竞争,因此,并不必然增加公司的盈利能力。但是,总体而言,它却有利于经济的发展。标准化的公共品理论,其创始人为著名的经济学家金德尔伯格,其他如伯格(Berg)和彼得斯旺等人亦有相应的论述。其主要观点是:与所有的"硬件"基础设施一样,标准化这样的基础设施,也具有很强的公共品特性。政府在标准化的过程中,应该确保标准尽可能完美,而且还要确保标准的建立过程中,要具有一种"均衡"的参与性保证各相关主体的利益平衡,特别是保护消费者的利益,是政府的一个重要责任。市场有失败的可能性,如果任由自身机制,市场往往会产生太少或太多,甚至是错误的标准。例如,戴维(1985)就指出市场有可能被劣等标准锁定。标准化全球理论主要分析了全球化发展与标准化的互动关系。而标准化惰性理论的主要内容是:标准制定机构的"惰性",亦可视为生产者的变化过快。在典型的市场中,若消费者的需求超过了供给,那么经济学家一般会采取"中立"的态度。并不指出供给过少或需求过大。研究人员不必认为这种问题的解决之道在于增加供给,因为也可能"降低需求"会更好一些。这一观点同样适用于标准制定。[①]

国外标准化绩效评价研究。宏观视角下标准化绩

[①] 裴光、徐文虎:《中国保险业标准化理论研究》,中国财政经济出版社2008年版,第15页。

效评价研究多集中于标准化经济增长效应研究和国际贸易效应研究。由于标准对技术扩散的作用，所以标准化能够显著促进一国或地区经济增长。标准对经济的贡献至少和专利一样大。根据测算，技术标准对国民经济效益贡献是 GDP 的 1%。布兰德等通过对时间序列的分析后发现，德国可观测的宏观经济增长中，其中 1/3 的贡献来自技术扩散和标准化。布兰德等人还用一个高级计量经济模型，分析了 1961—1996 年德国的宏观经济增长，在 1961—1990 年间，德国的平均经济增长率为 3.3%，资本贡献率平均为 1.6%，标准贡献率每年为 0.9%，而其他要素的贡献率（尤其是专利）都不高。在标准对经济增长贡献的研究领域，英国的经济学者 Temple 等（2005）、Blind 和 Jungmittag（2008、2011）J. Haimowitz 和 W. Joanne（2007）、Swann（2010）等人分别对英国、澳大利亚等国标准化对经济增长的贡献进行研究，研究结果均表明标准能显著地促进经济增长。标准化有助于消除贸易壁垒，从而促进国际贸易。这方面的研究中，以农业标准化的贸易效应最具有代表性。

　　国内关于标准化的研究集中于农业、物流业、旅游业等方面。农业标准化方面，王艳华（2011）以陕西省农业标准化为例，对农业标准的经济效应进行了评价。物流标准化方面，王晓红、徐革玲（2005）通过对物流供应链的讨论，强调了物流标准化与包装标准化的重要意义。刘琛（2014）、董熙等（2014）探讨了物流标准化对物流企业的作用。旅游业方面，周永博等（2005）、林章林（2010）、杨彦峰等（2012）分别探讨了旅游标准化框架体系和方法等内容。公共服务标准化方面，王国华和温来成（2008）、黄恒学和张勇（2011）指出标准化是实现基本公共服务统筹城乡发展的最为现实的路径选择。张立荣和冷向明（2006）、丁元竹（2009）对我国公共服务标准化中存在的问题进行了分析。

第一届全国金融标准化技术委员会经国家技术监督局批准于1991年成立，标志着我国金融标准化工作步入了正轨。王梅（1994）探讨了规范化、标准化在金融电子化的建设过程中所起的重要作用。孙送阁（2000）对金融监管标准进行了构思，提出要实现金融监管标准化，要目标统一化、操作规范化等。蒋禄秋、蒋逼（2004）和张换社（2004）分别对个人金融服务标准化和农村金融服务标准化进行了探讨。随着标准化在金融领域的具体开展，金融标准化研究开始在具体领域全面展开。银行标准化研究包括银行服务标准化研究和银行管理标准化研究。银行服务标准化研究，代表性的有张振生（2009）、白丽娜等（2013）分别对商业银行服务标准问题进行探讨。银行管理标准化研究，曹军（2001）对现代型银行标准化管理进行了构思和设想。刘艳玲（2007）对标准化管理在银行中的作用和应用进行了详细的探讨。高芳（2012）和罗璇（2014）分别以某一银行为例，对标准化在现代银行管理中的作用进行了具体的探讨。保险标准化研究方面，裴光（2006）提出了保险业要加快标准化发展，促进信息化建设。裴光、徐文虎（2008）以标准化理论为基础，对我国保险业标准化理论进行了探讨和分析[①]，开创了我国保险业标准化研究理论之先河。已有的文献中关于社会保险标准化的研究中，大多将社会保险标准化研究纳入社会公共服务标准化研究中，代表性的有黄恒学、张勇（2011）与党艳凝（2013）。黄恒学和张勇（2011）探讨了我国社会保险标准化现状，分析了社会保险标准化的主要内容，同时对我国社会保险标准化框架体系进行了设计。党艳凝（2013）基于现代社会公共服务角度分析了标准化在公共服务中的作用，结合相关理论论述了我国社会保险公共服务标准化的可行性和必要性，剖析了我国现阶段社会保险标准化过程中存在的问题，对我国社会保险公共服务标准化的发展进行了设计。养老保险标准化研究方面，魏加贝（2012）分析了我国新型农村社会养老保险标准化建设中存在的问题，提出通过加强农村社会养老保险标准化建设的理论研究和制定各级社会保障公共服务部门标准，争取立法支持等来促进我国新型农村社会养老保险标准化建设。孔媛（2012）分析了我国养老保险标准化的必要性和可行性，结合欧洲国家养老保险标准化的发展和我国养老保险的现状，提出了完善我国养老保险标准化的建议与对策。医疗

---

① 裴光、徐文虎：《中国保险业标准化理论研究》，中国财政经济出版社2008年版，第109页。

保险标准化研究方面，袁泉等（2012）介绍了加拿大医疗保险信息标准化在信息编码、数据质量控制、数据管理及报告、信息安全等五个方面的经验，通过对比中加两国的医疗保险信息标准化发展，对我国医疗保险标准化的发展提出了建议。熊先军等（2012）分析了我国医疗保险标准化过程中存在的问题，建议通过加强医疗保险标准化建设的顶层设计等措施来进一步推动医疗保险标准化的发展。尚未有学者对保险标准化绩效问题进行探讨和研究。王薇、贾金荣（2011）利用陕西省自然环境条件的历史数据资料，进行风险区划，试图探讨能提高补贴运作效率的补贴额度标准。崔海蓉等（2013）通过构建 WT-SVM-非参数方法，以山东省棉花保险为例对农作物保险费率进行厘定，结果发现保费费率标准稍低。梁来存（2012）通过对农业保险保费补贴标准进行测算，指出政府的保费补贴标准应当因地制宜，根据农民的收入水平来确定。赵红（2015）从农业保险深化改革与发展的角度，分析了我国政策性农业保险标准化的流程和内容。虽然我国保险业监管管理委员会和中国保险行业协会出台了《农业保险承保规范》等农业保险服务标准化的操作指引和农业保险服务规范，但是鲜有文献展开对农业保险服务标准化等方面的研究。

国内标准化绩效评估研究。陈志田（2004）、杨锋（2008）等根据当时工业标准化发展的需求，对工业企业标准化经济效益问题展开研究。安佰生（2004）、葛京等（2008）分析了政府参与标准化活动的相关问题。除了从宏观角度研究标准化的绩效外，陈阳和张亚斌（2009）研究了标准化对汽车行业发展的贡献度，杨丽娟等（2012）研究了标准化对外贸经济发展的贡献度。朱慧明等（2012）和王艳花（2012）分别以安徽省和陕西省为例，分析了农业标准化的经济效应。这些学者的研究结果分别从不同行业验证了标准化对行业和地方经济发展的促进作用。

由于金融保险、物流、旅游等服务业由于产品的无形性等特点，使基于实体行业的标准化绩效评价体系难以应用在服务业标准化绩效评价中，导致我国现阶段服务行业标准化研究虽然较多，但标准绩效评价研究相对较少。曾海波（2006）对物流标准化绩效评级体系进行了研究。卓国雄（2009）以中国高端市场个人客户为样本，测度了标准化和适应性协调在银行客户服务方面的绩效。李上（2010）通过建立评价模型，对我国公共服务标准化体系进行了评价研究，李炯（2011）结合旅游服务标准化的内涵和特性，运用因子分析法和模糊综合评价模型，对阳朔地区旅游服务标准化绩效进行了评价，结果表明旅游服务标准具有良好的经济效益。

第三节 已有研究评述

综合已有研究，可以看出农业保险的性质、农业保险功能、农业保险经营模式等方面的研究较多。标准化研究方面，已有研究中关于工业和农业标准化及其绩效评价方面的研究比较成熟。这些研究为标准化在农业保险领域的开展奠定了坚实的基础。学术界关于服务业标准化研究中旅游业和物流业的理论相对于保险业来说，比较丰富。对保险业标准化的研究论述其重要性、必要性及分析其存在的问题的文献较多，鲜有文献对保险标准化特别是政策性农业保险标准化的相关问题进行探讨。本书试图利用保险学理论、标准化理论及数量经济学的相关理论，展开政策性农业保险标准化的研究，并试图利用研究的结果对完善政策性农业保险标准化体系和运行机制进行设计，来促进我国政策性农业保险制度的完善。

第三章 政策性农业保险标准化研究的理论基础

对政策性农业保险标准化相关概念的界定是本书接下来研究的基础。由于保险产品的无形性，政策性农业保险标准化比工业意义上的标准化复杂得多。对政策性农业保险标准化相关内容的了解有助于正确分析政策性农业保险标准化的作用机理，同时也有助于政策性农业保险标准化绩效考核评价方法的选择。

第一节 相关概念的界定

一 标准、标准化与标准体系

标准化属于管理学的范畴，是研究如何就人类社会实践中共同使用和重复使用条款的活动达到最佳秩序、最优目标的理论和方法的一门科学。标准化的目的和作用，通过制定和实施具体的标准得到体现。学者和各研究机构都力图对标准的定义进行界定。已有的关于标准的定义,比较有代表性的有盖拉德定义和桑德斯定义。盖拉德(1934)将"标准"定义为"对计量单位或基准、方式、常用方法、概念等的某些特性给出定义、做出规定和详细说明"。

标准化概念研究方面比较有代表性的包括盖拉德、松浦四郎、桑德斯以及我国标准化专家李春田。标准化活动的内涵为:标准化是一个包括制定标准、实施标准进而修订标准的活动过程,标准化活动过程的目的可以有一个甚至多个,标准化是通过建立标准(规范)来达到其目的的。

标准化体系是指一系列标准所构成的用来规范某项行为的整体,标准化体系强调的是标准的系统性和整体效用性。

二 农业保险标准与政策性农业保险标准化

(一) 农业保险标准

我国不少学者都对农业保险概念进行过界定。陶骏、殷春华(1991)将农业保险归为政策性保险的一种,同时指出农业保险与农村保险是两个不同的概念,在对农业保险进行界定的基础上,对农业保险按照保险对象进行了分类,将农业保险按照保险对象划分为农作物保险、收获期农作物保险、森林保险、牲畜保险、畜禽保险、经济林苗圃保险、水产养殖保险、其他养殖保险等。刘茂山(1991)对农业保险的定义为:农业保险主要是指以养殖业和种植业为保险标的的保险。同时指出，农业保险的经济关系：国家对投保农户是一种经济支援关系；保险公司与投保农户是商品经营关系；各保户之间是再分配关系。魏华林、林宝清（1999）指出农业保险承保的主要是种植业、养殖业，亦被称为两业保险。庹国柱（2005）对农业保险的定义为农业保险是农业生产中以支付小额保险费为代价把农业生产经营过程中由于灾害所造成的财产损失或人身伤害风险转嫁给保险公司的一种制度安排。简而言之，农业保险就是指以农作物、家禽、家畜等为保险标的，主要以生产和农产品初加工过程中的自然风险为保险风险的一类保险业务。一些国家的农业保险通常涉及农业生产、农产品加工、农产品销售等过程，除了为农业生产对象提供保险外，还包括与农业生产资料、农用机械、农用设施、农业信贷及农产品销售等活动相关的保险，农场主的雇主责任保险及农场工人的意外伤害保险也包括在农业保险的概念范围内，这样的农业保险定义为广义的农业保险。本书研究采用的是广义农业保险的概念，即农业保险不仅包括养殖业保险和种植业保险，还包括与农业生产资料、农用机械、农用设施、农业信贷及农产品销售等活动相关的保险。

结合上述已有的关于标准和农业保险的定义，综合考虑本书的研究目的和研究意义，本书对农业保险标准的概念做出如下界定：农业保险标准是指为了在农业保险及相关领域获得最佳秩序，经农业保险相关各方协商一致制定并由我国农业保险监督管理机构等公认机构批准,共同使用或重复使用的保险规范性或指引性文件。农业保险标准的分类。根据我国标准分类的现行做法,同时参照国际上普遍使用的标准分类方法,本书对农业保险标准的种类进行如下划分。按照农业保险标准的内容构成分,政策性农业保险标准化分为综合性标准和专项标准。按照制订主体划分,我国的农业保险标准包括农业保险国家标准、农业保险行业标准、农业保险地方标准和农业保险企业标准。其中农业保险行业标准包括由中华人民共和国保险监督管理委员会制定的标准和中华人民共和国保险业协会制定的标准,农业保险地方标准是指地方各级政府包括省市自治区政府和县级政府等为规范农业保险发展而制定的各项标准。按政策性农业保险标准化对象的属性,标准分为农业保险技术标准、农业保险信息标准和农业保险管理标准等。按照标准实施的约束力,农业保险标准分为强制性标准、推荐性标准和标准指导性技术文件。本书对农业保险的种类进行如表3-1所示的划分。

表 3-1 我国农业保险标准分类

分类依据	农业保险标准类别
农业保险标准内容构成	农业保险综合性标准
	农业保险专项标准

续表

分类依据	农业保险标准类别
农业保险标准制定主体	农业保险国家标准（由国务院及国家标准化机构等制定的标准）
	农业保险行业标准（由中华人民共和国保险监督管理委员会制定的标准和中华人民共和国保险业协会制定的标准）
	农业保险地方标准（由地方各级政府制定的标准）
	农业保险企业标准（由商业保险公司制定的）
农业保险标准化对象	农业保险技术标准
	农业保险信息标准
	农业保险管理标准
农业保险标准实施的约束力	农业保险强制性标准
	农业保险推荐性标准
	农业保险标准指导性技术文件

（二）政策性农业保险标准化概念的界定

政策性农业保险标准化的概念界定。相对于保险标准化，政策性农业保险标准化是标准化在农业保险领域更为具体的表现。结合标准化的定义和已有的研究成果，本书将政策性农业保险标准化的概念界定为：政策性农业保险标准化是指在政策性农业保险开展的过程中通过制定、发布和实施保险标准，使得农业保险服务标准化、技术标准化、信息标准化和管理标准化等，从而改善农业保险的服务质量、提高农业保险工作中的资源配置效率，实现更高的社会效应和经济效应。

政策性农业保险标准化原理。政策性农业保险标准化原理是标准化原理在农业保险领域的具体应用。保险业属于服务业,不同于工业,需要根据保险的特点来探索政策性农业保险标准化的原理。政策性农业保险标准化原理可归纳为:(1)政策性农业保险标准化简化原理。政策性农业保险标准化简化原理是指在一定范围内,精简政策性农业保险标准化对象的类型数目,以合理的数目类型来满足一般需要。政策性农业保险标准化简化原理强调通过标准化,简化农业保险业务开展过程中的不必要项目或环节,促进农业保险的经办效率,努力争取农业保险市场的最佳秩序。简化的目的就是要使农业保险业务或项目更加精炼、合理,以发挥农业保险制度整体最佳功能。(2)政策性农业保险标准化统一原理。政策性农业保险标准化统一原理是指通过政策性农业保险标准化,把农业保险发展过程中的同类事物两种以上的表现形式统一归并为一种,或限定在一个范围内的标准化形式。统一的目的是为了在农业保险行业内部或商业保险公司内获得一致。政策性农业保险标准化统一原理强调的是统一农业保险服务过程中的保单形式、最低服务标准要求等内容,通过统一农业保险保单形式等内容可以消除不必要的多样化而造成的浪费等,在实施统一的过程中,必须遵循适时、适度、等效等原则。(3)政策性农业保险标准化协调原理。根据标准和标准化的定义,标准是由各方共同协调指定的。只有各方协调一致制定的标准,才能得到广泛而有效的实施。在农业保险标准制定过程中，首先应当充分考虑并协调好农户、商业保险公司和政府三方面当事人对于标准的要求。其次，应当注意标准和标准之间的协调，标准和标准之间应当具有兼容性，不能相互矛盾。（4）政策性农业保险标准化优化原理。标准必须得到优化才能获得最佳效益。在政策性农业保险标准化的过程中，应当及时根据各方面的反馈信息，对农业保险标准体系进行修订或调整，不断优化各项农业保险标准，使其更好地服务于农业保险制度的运行，以获得"最佳效益"。

政策性农业保险标准化的内容。根据李春田（2010）的标准化基本过程理论，本书认为政策性农业保险标准化的内容包括农业保险标准的制定、农业保险标准的实施和农业保险标准信息反馈等。农业保险标准制定过程包括前期调查、研究论证、起草标准及审查、复审与审批等环节。具体来说，农业保险标准的层次不同，制定过程也有所差异。农业保险企业标准的制定过程要相对简单，农业保险国家标准的制定程序要相对烦琐。政策性农业保险标准化的实施过程包括实施策划、过程管理、总结及改进。通过农业保险标准贯彻实施过程，可以检验农业保险标准的适用性和有效性，检验结果可以作为政策性农业保险标准化改进和修订的第一手资料。目前，我国各类标准的实施方式包括市场准入制度、质量监督抽查制度等，具体实施形式可以采用技术法规引用等形式。农业保险标准信息反馈过程是指将实施过程中反映出来的各种问题及时反馈给相关部门，已对农业保险标准或相关方面做出调整。

农业保险是准公共物品。私人物品是既有排他性又有竞争性的物品，公共物品是既无排他性又无竞争性的物品。公共物品效用上具有不可分割性。公共物品是向整个社会或某一区域共同提供的物品，而不能把它们分割成若干部分。私人物品一般不存在不可分割的问题。公共物品的生产经营规模都比较大，只有当生产经营规模达到一定程度时，公共物品才能提供成本较低的服务。私人物品由于其处于竞争性市场，越多的企业生产不仅不会提高成本浪费社会资源，反而能实现资源的节约和平均成本的降低。公共物品不具备排他性，私人物品具备排他性。公共物品的生产者之间不可能展开充分的竞争。公共物品的投资所创造的收益以间接的渠道渗透到整个区域和社会，而不是直接回到投资者手中，公共物品具有外在性。私人物品不具有这样的外在性。某些公共物品对社会和其他人的利益是长期性的，而且很难确切地计算出这些公共物品项目到底产生了多少收益。农业保险的经营具有高风险的特征。农业保险不仅损失率高，而且费用率也相当高，高损失率和高费用率导致农业保险高费率。如果按照私人物品在竞争性市场进行交易，农业保险难以成交，因为它既缺乏有效供给又缺乏有效需求，农业保险的市场化和商品化的特性决定了农业保险缺乏经济学基础。农业保险的利益是外在的。引入农业保险，保险人并不得益，被保险农户在一定阶段可从中获得利益，最终的获利者为广大消费者。经营农业保险存在特殊的技术障碍，农业保险费率难以厘定，合理的保险责任难以确定，难以定损理赔，农业小规模经营难以分散风险，防灾防损是农业保险经营的重要环节，在这一环节中，没投保的农户存在搭"便车"的情况。通过以上分析可以看出，从根本上说，农业保险产品既不是完全意义上的私人物品，也不是典型的公共物品。农业保险产品在一定范围内和时期内，其效用是可以分割的。农业保险虽然在直接消费上具有排他性的主要特征，但在经营的某些环节中不具有排他性，农业保险产品的大部分也不具有竞争性，农业保险产品虽然在短期内可以确切计算收益，但长期利益的计算是模糊的。农业保险产品是介于私人物品和公共物品之间，更多地趋近于公共物品的准公共物品。庹国柱等（2005）指出作为准公共物品的农业保险只能采取政策性保险的经营方式来经办。

第二节　基于公共经济学视角的政策性农业保险标准化分析

在农业保险业务的开展过程中通过制定、发布和贯彻实施各层次的农业保险标准，一方面实现了农业保险服务标准化等目标；另一方面由于改善农业保险的服务质量、提高农业保险工作中的资源配置效率，实现了更高的社会效应和经济效应。由此可见政策性农业保险标准化的作用路径包括：通过服务标准化提升农业保险的服务质量，对农户的投保行为产生影响；通过技术标准化、信息标准化等提升商业保险公司经办农业保险的效率，对商业保险公司的经营活动产生影响；通过管理标准化等手段提升农业保险的社会效益，对整个保险行业乃至全社会产生影响。基于农户角度来看，通过农业保险服务标准化，促进商业保险公司提升保险服务水平，保障了投保农户权益。分别从公共经济学和制度经济学的角度分析政策性农业保险标准化对农户的影响。

政策性农业保险的公共经济学分析。公共规制理论包括公共利益理论和部门利益理论。公共利益理论主张公共规制是对市场失灵的回应。公共规制理论假定公共规制的目的是通过提高资源配置效率，以增进社会福利，并且假定规制者专一地追求这一目标。公共利益理论认为市场是脆弱的，如果放任自流，就会导致低效率，公共规制是政府对公共需要的反应。公共规制是针对私人行为的公共政策，是从公共利益出发而制定的规则，目的是控制受规制的企业对价格进行垄断或者对消费者滥用权利。具体表现为控制进入、决定价格、确定服务条件和质量规定在合理的条件下服务所有客户时应尽的义务等。公共利益理论假定在制定规则的过程中，政府可以代表公共对市场上做出一定理性的计算，从而使得这一规制过程符合帕累托最优原则。实现了经济上富有成效，同时能促进整个社会完善。政府规制的经济目标是社会福利最大化，政府规制的非经济性目标是为了达到一个公平的或者正义的资源分配。阿顿、布雷耶尔等学者都把公共规制看作是对市场失灵的反应。公共规制的部门利益理论由施蒂格勒首先提出，随后由佩尔兹曼和贝克尔予以发展和完善的。部门利益理论认为，确立公共规制的立法机关或规制机构仅仅代表某一特殊利益集团的利益，而非公共利益。作为公共规制动机的一种解释，部门利益理论揭示了政府与特殊利益集团之间的相互利用关系，认为公共规制实际上是特殊的利益集团寻租的结果。某些时候公共规制会给一般公众带来有益的后果，这实际上是规制的意外记过，并非政府规制的真正目的。部门利益理论在解释一些问题上，相比公共利益理论更具有说服力。

从规制的范围和形式来看，公共规制主要包括经济性规制和社会性规制两部分。经济性规制是指在自然垄断和存在信息不对称的领域，为了防止发生资源配置低效和确保利用者的公平利用，规制机构利用法律权限，通过许可、认可、行政指导等手段，对企业的进入和退出、价格、服务质量和数量等有关行为加以规制。在各种经济性规制中，市场进入规制和价格规制是主要规制内容。① 社会规制是以保障全体公民的安全、健康、卫生和防止公害、保护环境而对社会经济主体各种特定行为进行规范和限制的政府干预。社会规制的目的是为了规避社会活动中由于信息不对称和外部效应所引发的各种危害，从而从根本上增进社会福利。社会规制不是以特定产业为对象，而是围绕如何达到一定的社会目标，来保护某些情况的单个个人，比如作为某些产品的消费者、某些工作场所的员工等。社会性规制的主要内容包括：产品质量与安全、生态环境保护、自然资源公平合理利用以及工作场所的健康和安全。社会规制的特点决定了它的规制方法主要是直接规制，但是也有一定程度的简介规制。社会性规制的方式可以分为信息规制、标准、事前审批和经济工具。②

公共规制包括对垄断权利的控制，对外部性的规制、信息规制和对不合理消费偏好的纠正。标准规制是指对商品及服务提供者提供的商品或服务及其生产过程设定特定标准，如果供应商不能满足这些标准，将会受到处罚。标准规制最基本的经济正当性在于纠正信息不对称和外部性问题贸易消除这些问题导致的不必要的效用损失或金钱损失。按照干预强度的不同，标准可以分为目标标准、性能标准和规格标准三类。目标标准规制不对厂商的生产过程及产量做出具体的规定，但如果出现某些特定的损害后果则需承担责任。

---

① 黄新华：《公共经济学》，清华大学出版社2014年版，第138页。
② 同上书，第142页。

性能标准规制要求进入供应阶段的产品或服务必须满足特定的质量条件，厂商自由选择如何满足这些标准。规格标准规制则强制要求厂商必须采取或者不能采取特定生产方式或材料，规格标准规制的干预强度在三种类别中最强。规制标准的制定存在一个理想状态的"最佳损失消除"目标，即标准规制对社会的总收益应超过总成本，且边际收益相当于边际成本。从公共经济学的角度来看，各类商品从市场性质上区分，有公共物品和私人物品之分。农业保险是一种介于公共物品和私人物品之间的准公共物品。公共规制理论是公共经济学的一个重要组成部分。公共规制是公共部门为了实现特定的目标而进行的经济活动，具体来说，是指公共部门，为了实现特定目标，依据法律法规对相关利益主体所采取的一系列行政管理与监督行为。公共规制或直接干预市场配置机制，或间接改变生产者和消费者的经济规则。公共规制的原因包括自然垄断、外部性及信息不对称。农业保险作为一种准公共物品，在运行中存在着信息不对称问题。信息不对称主要包括政府与商业保险公司之间的信息不对称、商业保险公司与农户之间的信息不对称两种情形。张洪涛（2006）分析了保险经济信息状况，指出保险交易中交易双方存在保险知识、技术和实务不对称、经营信息、监管信息及私人信息的不对称等。这些不对称在农业保险发展过程中的表现为：农业保险是一门专业性和技术性很强的学科，商业保险公司作为农业保险业务的经营者，拥有专业知识和实践经验，在农业保险交易中占据绝对优势。投保人在保险知识方面处于劣势。农户对农业风险的危险认识不足，对农业保险投保积极性不高，保险条款、费率厘定、理赔技术等都是包含着复杂的技术，商业保险公司和农户在这些方面的掌握程度不同。商业保险公司的实际经营状况投保人无法知晓。相对于投保农户来说，商业保险公司获得的监管信息要更加全面，特别是农业保险的经营规范等相关标准内容。双方对于监管信息的不对称在一定程度上影响了投保人的选择，投保农户的利益也可能因为信息的缺乏而受到影响。投保农户信息的不对称，尤其是在养殖业保险中。投保农户的私人信息难以验证。不完全信息和信息不对称对保险市场的影响主要是道德风险和逆向选择。投保农户会利用私人信息的不对称或不完全，使商业保险公司相信自己是低危险投保人，从而给商业保险公司带来损失。商业保险公司会利用投保人对保险知识和保险技术的缺乏，使投保人的利益受损。信息不对称成为政府对金融行业实施规制的重要依据。公共利益规制理论强调政府通过规制来矫正市场失灵，以实现公共利益的最大化。政府实行规制的目的是保护普遍公众的利益，提高全社会的福利水平。根据公共规制理论，政策性农业保险标准化的目的是保护农户的利益，纠正农业保险市场上的失灵现象。政府发布一项农业保险标准，目的是商业保险公司及相关职能部门能执行该项标准。

然而该项农业保险标准是否被执行,最终取决于该标准的权威性及商业保险公司或相关职能部门执行该项标准的利益性。

基于商业保险公司角度政策性农业保险标准化作用分析。我国农业保险从业机构的专业能力、规范程度差异很大,导致农业保险服务的水平、流程、内容、方式不一致。政策性农业保险标准化通过技术标准化和信息标准化等促进了商业保险公司经营效率的提高。该部分分析的理论基础是"兼容标准和接口标准"理论以及"降低差异和形成焦点"理论。裴光(2008)从产业经济学理论的角度,分析由于"转换成本"和"网络外部性"的存在,使得市场常常处于低端状态,因为任何人都不愿意进行改进性的转换,除非当事人确信别人会转换,这样的结果被称为技术锁定现象。对于技术锁定现象,一个克服的办法就是"高质量标准"的界定。兼容性标准或接口标准有助于扩展市场机会,这是因为,这些标准有助于创造出"网络效应"。降低差异性和形成焦点理论。该理论认为标准化与降低差异性之间有密切的关系,降低差异性有两种功能,第一,它可以通过使那些浪费性的微弱差异的产品最少化,来发挥规模经济的效果。第二,标准的存在,可以降低供应商的风险,但同时也加剧了他们之间的竞争。Sky(1991)和Kende(1991)指出国家标准的兼容政策将增加国内企业在国际竞争中的利润,能够促进厂商的福利的增加。标准的使用常常确定了未来技术的发展轨迹，对新市场的产生和发展发挥着指导的作用。标准起到一个焦点的作用，通过标准的制定与协商等一系列过程，将供应商和使用者所需求的集中了起来，有利于行业创新和发展。德国标准化协会（DIN）曾在2000年对标准化给公司经营管理带来的影响作出了如下的总结：大部分企业可以从参与标准化工作中获益，如成本优势、更大的知识优势等内容。通过参与标准化工作，公司可以减低研发成本。许多公司可以通过积极参与国家标准体系的建设来影响国际标准的构建，从而降低其进入国际市场的技术壁垒。标准有助于公司降低成本。通过标准化，公司可以扩大其同质量供应商的范围。标准化对于商业合作有正的效应，标准在降低成本的同时也会导致垄断。政策性农业保险标准化有利于提高商业保险公司的经营效率。政策性农业保险标准化减少了公司开展新业务或进入新区域市场的技术壁垒。在政策性农业保险标准化的背景下，从农业保险的内部经营环境来说，一方面，政策性农业保险标准化有利于商业保险公司内部建立最佳秩序，另一方面，为农业保险产品创新和服务创新提供建立平台。政策性农业保险标准化有利于商业保险公司建立最佳业务秩序。通过农业保险管理标准的贯彻实施，商业保险公司内部的秩序得到建立和优化。各项农业保险标准本身就是国内外先进经验的总结，具备优化的特性。农业保险管理标准是对商业保险公司业务和经营活动进行了规范，创造了企业内部自觉遵守秩序的规范，同时也有利于提高商业保险公司管理层的管理效能。随着农业保险业务的不断拓展，各农业保险机构农业保险数据的管理、开发以及交换都面临着严峻的挑战。特别是保险公司内部，各个独立的业务系统之间只有按照各个部门的自然关系进行必要的信息交换和服务协作，才能真正实现保险公司整体业务的运行和管理。术语应用、数据标准等方面的不规范，使企业内部无法实现信息交换和资源共享，影响了企业的运转速度和效率。通过技术标准化和信息标准化，规范农业保险术语、数据标准等内容，有利于公司内部部门间合作的展开，各部门的业务对接有了规范的交流语言，业务程序更加流畅，经营效率得以提高。农业保险创新包括农业保险产品创新、农业保险经营方式创新、农业保险服务创新等内容。现阶段阻碍我国农业保险创新的因素包括技术积累不足、制度建设不规范等原因。作为一种理论创新，政策性农业保险标准化可以为农业保险创新发展提供一个开放的、有组织的平台。政策性农业保险标准化过程是农业保险知识和经验积累的过程。每一项标准的制定，都是行业内实践经验和技术成果的高度提炼和凝结，随着标准的实施，这些经验和技术成果在行业内被普及应用，在普及应用的过程中新的经验和技术成果将在原来经验和成果的基础上得以形成，就这样标准化一方面扩散了创新成果，另一方面又为创新成果的"继续创新"提供了一个平台。政策性农业保险标准化在为农业保险创新提供技术平台的同时，也在指导着创新的方向。

第三节 基于制度经济学视角的政策性农业保险标准化分析

制度效率存在递减现象，当制度效率降低到一定程度时，制度的变迁是必要的。新制度经济学家借鉴新古典经济学的供求均衡价格理论，发展了一个关于制度变迁的供求分析框架对制度变迁的原因等问题加以解释。戴维·菲尼对制度变迁的供求分析框架进行了比较全面的总结。戴维·菲尼把制度分为宪法秩序、制度安排和规范性行为准则三种类型。在借鉴戴维斯和斯诺理论的基础上，戴维·菲尼提出了自己的制度变迁的需求和供给分析框架。分析框架的内生变量包括制度安排及其利用程度，外生变量包括宪法制度和规范性行为准则。新制度经济学家对制度变迁及其影响因素的分析实际上就是关于制度变迁的分析。对新制度的需求就是对制度变迁的需求。根据戴维·菲尼、诺思等人的观点，当现有的制度安排无法获得潜在的利益时，就会产生新制度的需求。在新制度经济学家看来，对于制度变迁需求来说，最主要的影响因素是：要素和产品相对价格的长期变动、技术进步、其他制度安排的变迁、市场规模、偏好的变化和偶然因素等。①

　　制度变迁供给是指在制度变迁收益大于制度变迁成本的情况下设计和推动制度变迁的活动。制度变迁的供给主体可以是政府，可以是一个阶级，一个企业或别的组织，也可以是一个自愿组成的团体，也可以说是个人。制度变迁的成本包括规划设计、组织实施的费用、清除旧制度的费用、消除变迁阻力的费用、制度变迁造成的损失等。影响制度变迁的供给的因素包括宪法秩序和规范性行为准则、制度设计的成本和实施新安排的预期成本、社会科学技术的进步等因素。制度均衡包括制度安排均衡和制度结构均衡。制度的非均衡包括制度供给不足和制度供给过剩两种表现形式。

　　制度变迁是制度供给主体在变迁收益大于变迁成本情况下的一种理性行为。新制度经济学家布罗姆认为，制度变迁的目标实现途径包括提高生产效率、实现重新分配收入、重新配置经济机会和重新分配经济优势。黄少安认为一个制度变迁一般都包括六个过程，分别是认识变迁条件、发现变迁机会，组织变迁集团，确定变迁目标，设计和选择变迁方案，实施制度变迁和完场、检验变迁，修补和完善新制度。在新制度经济学家看来，制度变迁过程中存在时滞、路径依赖和连锁反应。制度非均衡意味着制度变迁潜在利润的存

---

①　袁庆明：《新制度经济学》，中国发展出版社2005年版，第275页。

在，从而产生了制度变迁的可能性。但是从认知制度非均衡、发现潜在利润的存在到实际发生制度变迁之间存在一个较长的时期和过程。这就是制度变迁过程中的时滞现象。[①] 制度变迁都存在某些外部性，同时也受到其他制度变迁外部性的影响，这被称之为制度的连锁反应。在既定的制度机构中，一项制度被变迁必然导致一种连锁反应。根据制度变迁的速度来考察，制度变迁可分为渐进式制度变迁和突进式变迁。渐进式制度变迁是变迁过程相对平稳、没有引起较大的社会震荡、新旧制度之间轨迹平滑、衔接较好的制度变迁。渐进式制度变迁假定每个人、每个组织的信息和知识存量都是极其有限的，不可能预先设计好终极制度的模型，只能采取需求积累与阶段性突破的方式，逐步推动制度升级并向终极制度靠拢[②]。渐进式制度变迁所需时间长，但成功率较高，风险较小。根据制度变迁的主体来考察，制度变迁可以分为诱致性制度变迁和强制性制度变迁。强制性制度变迁是指由政府命令和法律引入和实现的制度变迁。贺东江（2013）提出"标准是一种制度"。从整个社会的制度安排看，需要提升制度标准的认识，将其作为一种社会制度安排来看。在竞争日益取决于技术竞争的当下，标准化作为技术创新和市场结构的一个重要影响因素，是最好的选择，随着我国政策性农业保险制度的不断发展，

---

① 袁庆明：《新制度经济学》，中国发展出版社2005年版，第309页。
② 同上书，第315页。

会出现越来越多的产品和服务，这些产品和服务都需要标准来管理和规范。制度的创新应该从标准化工作开始。

制度经济学理论为分析政策性农业保险标准化对农户的影响提供了理论支持。根据"最低质量标准与安全标准"理论，消费者在选择产品时，常常不知道哪个商品更符合自己的要求，这样的选择困难，会减低市场交易量甚至会导致市场失灵。标准化通过对产品的形状、规格和质量做出规定，增加了信息量，方便消费者进行选择。根据格雷姆法则，消费者遭遇困惑时，不能事先判断质量情况，因而导致交易量的减少。如果消费者不能对质量进行区分，高品质产品的卖家就难以得到价格补偿，这种价格补偿的缺失使得他们的成本居高不下，高品质产品的卖家就难以生存下去。最低质量标准或质量歧视标准，可以解决这类的难题。通过质量标准的制定和实施，人们就能对买家有了完全的区分，那么高品质的卖家就能够生存下去。最低质量标准或质量标准可以降低交易成本和搜寻成本。该分析同样适用于农户对"农业保险"这种商品的购买。农业保险的需求与其他产品需求的不同在于农业保险作为一种服务，是人们转移风险的工具，作为农业保险的承保人向投保农户承诺当农业保险事故发生时，保险人承担赔偿事故损失或者给付被保险人保险金的责任。商业保险公司作为农业风险的承保人，提供的是一种无形的服务。作为投保人的农户必然希望自己购买的这种"商品"能够"质量上乘"。对于农业保险产品的质量，其度量成本非常高。农业保险产品是比较典型的经验产品，同时具备信任商品和搜寻商品的质量特征，使得投保农户难以从中掌握"产品"的质量。尤其是我国广大农户普遍文化水平较低，对保险知识缺乏，这种信息不对称将极易导致农业保险发展过程中诚信问题的出现，阻碍农业保险的健康发展。政策性农业保险标准化包括农业保险业务品种标准化、农业保险承保服务标准化、农业保险理赔服务标准化等方面。政策性农业保险标准化可以减少投保农户的度量费用，减少投保人和承保人之间的信息不对称，保护农户的利益，提高农业保险服务质量。以保险术语标准化为例。政策性农业保险标准化通过规范农业保险术语，便于农户理解保险条款，从而明确自己作为投保人的权利和义务。我国农业保险业务恢复办理以来，发展迅速。在快速发展的同时，一些问题也不断涌现。农业保险术语不规范就是一个突出的问题。在已经使用的术语中，不同公司、不同地区对同一个术语表达的意思不相同，随着农业保险业务的不断拓展，一些新的术语不断应用到业务中，由于没有统一的标准，也没有得到规范的使用，同时保险条款晦涩难懂，这些原因导致农户常常难以正确理解农业保险的责任，导致发生自然灾害时，不能及时得到应有的赔付。通过规范农业保险术语，方便农户理解农业保险的政策和保险知识，有利于农户在投保时明确自己的责任义务，保护农户的利益。同时政策性农业保险标准化通过设立农业保险承保服务和农业保险理赔服务底线，规范农业保险从业人员的服务，使农户能及时有效地得到应有的服务。农业保险业务其本质是一种服务，通过政策性农业保险标准化可以保障投保的农户获得基本的服务。行业协会或者保险业监督管理委员会制定相关农业保险展业或理赔服务标准，并向社会公布实施，农户就可以根据标准要求承保的商业保险公司提供相应的服务。政策性农业保险标准化通过对保险服务标准化，实际上就是设立了一个保险费服务底线水平，规定了农业保险经办机构起码的行为规范。各商业保险公司还可以以农业保险服务标准为依据，展开农业保险服务竞争，促进全行业农业保险服务质量的提升，从根本上使得农户的满意度得到提升，从而促进农业保险的发展。通过政策性农业保险标准化量化农业保险经营风险指标，保护投保农户的利益。通过政策性农业保险标准化，对农业保险经办机构的风险水平和偿付能力通过各种农业保险监管标准进行量化，规范商业保险公司的经营活动，有效防止商业保险公司偿付能力问题的发生，从而使投保人的利益得到保障。

基于政府角度政策性农业保险标准化的作用分析，Matutes 和 Regibeau（1988）、Casella（1995）、Boom（1995）、Glulio（1997）、Zhou（2002）及王益谊等（2008）认为标准对社会或某个国家福利具有促进作用。他们认为这种促进作用主要来源于标准的兼容性、增进信息的传播、降低厂商的成本和确保产品的最低质量等因素。我国农业保险制度的框架基本确立为：政府引导、市场运作、自主自愿和协同推进。政府起到主导作用。如何协调好政府与商业保险公司、商业保险公司与投保者之间的关系是农业保险成功运作的关键。通过标准体系来规范政府与商业保险公司的行为，从而保证它们之间的统一协调，保证整个农业保险制度的整体性能，实现农业保险正常运作，有利于政府主导地位的实现。从制度经济学的角度，政策性农业保险标准化的制度经济学分析。从制度起源的角度来看，制度的起源包含三层含义，分别为从没有任何制度到有制度、在特定制度中新制度的创立或起源及新旧制度的更替。根据黄少安（2008）标准可以看成是在特定制度环境中新制度的创立，随着技术的进步，某种新产品的产生，就出现了对该种产品标准的需求，这种新产品的标准实际上就是一种制度，该标准的制定即制度的起源。将标准视为一种制度，就可以利用制度经济学的理论来解释标准的经济增长效应。20 世纪 30 年代后兴起的新古典制度经济学，通过放松新古典经济学"制度完备"的假定，将制度作为内生变量来解释经济增长。要素投入、技术进步等经济增长变量的因素都受到特定制度的影响。不同制度下，劳动分工的范围、要素积累水平以及技术进步能力会存在不同，并最终影响到经济增长水平。农业保险标准作为一种影响农业保险行业的"制度",会对农业保险行业的劳动分工、资本投入、人力投入、要素流向等产生影响,进而影响整个行业的发展。政策性农业保险标准化把最先进的服务、技术、信息等标准,通过整理、制定出一整套政策性农业保险标准化体系,并加以推广利用。通过制定和实施农业保险服务标准,提高了农业保险服务水平,促进了农户对农业保险相关知识的了解,促进了农户对农业保险有效需求的增加,如图3-1所示,需求曲线 D_1 右移为 D_2。另一方面政策性农业保险标准化提高了农业保险公司的经营效率,促进了农业保险有效供给的增加,如图3-1所示,

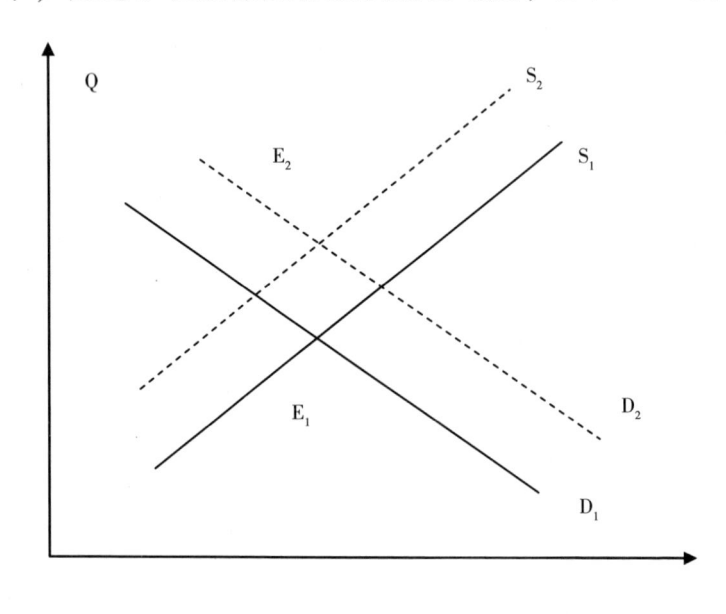

图 3-1　政策性农业保险标准化对农业保险供求影响示意

供给曲线 S_1 左移为上 S_2。通过对农业保险需求和供给的促进，均衡点由 E_1 上升至 E_2，政策性农业保险标准化不断推动我国农业保险的发展。

本章小结

无论是从制度经济学的角度还是从公共经济学的角度，都强调了政策性农业保险标准化在应对农业保险市场上信息不对称问题的作用，政策性农业保险标准化通过该路径服务于投保农户。政策性农业保险标准化是标准化理论在农业保险领域内的具体应用。国内外不同学者和组织对标准化及农业保险概念的理解有所不同。本书在借鉴已有关于标准及标准化定义的基础上，对本书研究的农业保险标准及政策性农业保险标准化概念及范围进行具体界定。政策性农业保险标准化原理是标准化原理在农业保险领域的应用。围绕论文研究的核心内容，回顾了国内外关于标准化绩效评价的内容和方法，分析了政策性农业保险标准化绩效评价的内容。

第四章 我国政策性农业保险标准化发展分析

上一章主要对农业保险标准相关概念进行了界定，并以农业保险理论和标准化理论等相关经济学理论为基础，分析了农业保险标准化的作用机理，本章将对我国政策性农业保险标准化发展现状进行分析。

第一节 我国农业保险的发展历程

根据王和等（2009）中国早在西周时期就有了古代农业保险思想的萌芽，现代意义上的农业保险制度出现于20世纪30年代；中华人民共和国成立以前，部分组织和商业保险机构尝试以股份有限公司或合作组织的形式在个别省市进行农业保险试验，20世纪30年代，上海银行为保障农业实验区发放贷款的安全，与金陵大学农学院等机构合作推行耕牛互助合作保险。该实验开展不久后就因为没有形成充足的基金而结束。当时的国民政府实业部（经济部）成立农本局后，也曾以保险合作社的形式开展过家畜保险，但由于旧中国农村经济的不发达和合作社经济力量薄弱，缺乏相关的政策支持等原因，这些合作社保险组织到1944年也都已经相继解散。当时的社会经济发展无法为农业保险的推行提供必要的基础和环境。1944年3月，中国农业特种保险股份有限公司成立，1947年更名为中国农业保险股份有限公司。中国农业保险公司是一家以开办农业保险为主的商业保险公司。该公司开展了一些农业保险特别是养殖业保险的试验。地方商业保险机构也曾尝试办理农业保险，1945年重庆泰安保险公司作为地方商业保险机构也尝试开展农业保险业务，在四川内江、自流井等地试办役牛商业保险，但抗日战争后由于该公司中心东移等原因，到期后未再续办。由于国民政府的不重视以及连年征战农村经济凋敝等原因，新中国成立前的农业保险试办活动如同昙花一现，很快夭折。中华人民共和国成立后，中央政府重视农业发展，中国人民保险公司积极试办和发展了以牲畜及农作物为主要标的的农业保险。1959年1月全面停办国内保险业务，人民公社的"一大二公"取代了保险。党的十一届三中全会以后，根据《关于国内保险业务恢复情况和金融发展意见的报告》的相关精神，1982年中国人民保险公司全面恢复试办农业保险，从1982年试办到1993年，农业保险得到了快速平稳发展。1994年起，随着保险公司开始商业化转轨，我国的农业保险业务开始进入全面市场化经营阶段。由于农业保险业务的高风险和高成本，保险公司将农业保险列入限制发展的险种，农业保险业务停滞不前，日益萎缩。2003 年农业保险收入仅占财产保险收入的 0.51%，经营农业保险业务的公司仅有中华联合财产保险股份有限公司和中国人民保险公司，经营的农业保险项目种类也仅仅限于种植业保险和养殖业保险两大种类。2004 年，在中央和政府各项政策文件的支持下，中华人民共和国保险业监督管理委员会启动了新时期农业保险试点。2004 年开始历年的中央一号文件都涉及农业保险的发展。在城镇化建设的背景下，各项支农惠农政策不断出台，我国保险业的深化改革和发展，农业保险经营发展"软环境"不断得到优化，特别是 2007 年中央财政对农业保险实行补贴政策以来，农业保险经办机构不断增加，截至 2013 年底，我国经办农业保险业务的商业保险公司达到 29 家。农业保险业务规模日益扩展，承保险种不断增多，中国农业保险发展呈现出覆盖面不断扩大，服务能力日益提升、经营管理水平逐步提高、社会认同度和影响力不断提高、监管体系不断完善的良好发展局面。2008 年开始，中国农业保险规模居世界第二。我国农业保险进入飞速发展阶段。截至 2017 年 12 月末，农业保险为 2.13 亿户次农户提供风险保障金额 2.79 万亿元，同比增长 29.24%；支付赔款 334.49 亿元，增长 11.79%；4737.14 万户次贫困户和受灾农户受益，增长 23.92%。表 4-1 和表 4-2 分别列举了 2007—2016 年我国农业保险的发展情况。其中 2007—2016 年数据根据历年中国保险年鉴整理得来。

表 4-1　　2007—2016 年我国农业保险发展统计

年份	保费收入（亿元）	参保农户（万户次）	提供风险保障（亿元）	农业保险赔款总额（亿元）
2007	51.8	4982	1126	32.8
2008	110.7	9000	2397.4	70
2009	133.8	13000	3812	101.9
2010	135.68	14000	3943	100.6
2011	173.82	16800	6523.24	89
2012	240.6	18300	9006	142.2
2013	306.6	21400	13900	208.6
2014	325.7	24700	16600	214.6
2015	374.7	23000	20000	260.1
2016	417.7	20400	2.16	348

表 4-2　　2007—2016 年我国农业保险保费收入、
财产保险保费收入

年份	农业保险保费收入（亿元）	财产保险保费收入（亿元）	农业保险保费收入/财产保险保费收入
2007	52.0573	2086.48	0.02495
2008	108.433	2446.25	0.044326
2009	133.9124	2992.9	0.044743
2010	135.8536	4026.9	0.033737
2011	174.461	4779.06	0.036505
2012	240.6	5529.6	0.043509
2013	306.6	6481.2	0.047306
2014	325.7	6774.23	0.048079

续表

年份	农业保险保费收入（亿元）	财产保险保费收入（亿元）	农业保险保费收入/财产保险保费收入
2015	374.7	7995	0.04687
2016	417.71	8724.5	0.04788

第二节 我国政策性农业保险标准化发展历程与现状

从政府的角度来看，政策性农业保险标准化有利于其主导作用的发挥。我国农业保险制度的框架基本确立为：政府引导、市场运作、自主自愿和协同推进。政府起到主导作用。如何协调好政府与商业保险公司、商业保险公司与投保者之间的关系是农业保险成功运作的关键。通过标准体系来规范政府与商业保险公司的行为，从而保证它们之间的统一协调，保证整个农业保险制度的整体性能，实现农业保险正常运作，有利于政府主导地位的实现。政策性农业保险标准化有利于农业保险保费补贴绩效评价。农业保险保费补贴绩效评价已经成为农业保险事业发展的重要内容之一。通过制定农业保险标准，为农业保险绩效评估提供依据，能更好地评价农业保险工作的绩效，推进农业保险事业科学发展。政策性农业保险标准化是实现基本公共服务均等化的要求。国务院《国家新型城镇化规划2014—2020》中提出"加快农业保险产品创新和经营组织形式创新,完善农业保险制度"。作为完善城乡发展一体化体制机制的一项重要措施,推动政策性农业保险标准化,可有效提高基本公共服务均等化水平。标准化是均等化的基础。农业保险作为一项准公共物品,是政府公共服务的组成部分。通过制定农业保险标准体系,开展政策性农业保险标准化建设,能够普遍提升农业保险服务水平。从商业保险公司内部经营的角度来看,通过利用标准化这个手段,开展分工与协作,实现生产要素的优化配置,从而降低交易成本,提高交易效率,促进各项业务的规范化,有利于商业保险公司的规范经营。通过农业保险服务流程标准化,统一投诉管理的评价范围和标准,改进农业保险理赔服务质量,指导各商业保险公司提高处理农业保险投诉的能力,行业整体的农业保险服务水平也因此能够得到大规模的提升。政策性农业保险标准化是实现农业保险管理规范化和农业保险业务信息化的基础。农业保险费率厘定等都需要大量农业保险数据积累。随着经办农业保险业务的商业保险公司的增加,农业保险业务范围不断扩大,农业保险数据的管理、开发以及交换等都面临着严峻的挑战,通过政策性农业保险标准化,对农业保险运作过程中的各种信息数据进行规范和统一,可以大幅提高保险公司信息的质量和共享水平,使公司数据流动精简化和一致化,提高商业保险公司内部的协作。从商业保险公司外部经营环境的角度来看,政策性农业保险标准化有利于维护我国农业保险市场的竞争秩序。表4-3给出了我国2013年部分省市农业保险经办机构数目。表4-3的数据根据2014年《中国保险统计年鉴》整理得来。如表4-3所示，我国农业保险在同一省内往往有多家保险公司同时经营。实行政策性农业保险标准化，通过对农业保险服务流程、农业保险条款等的标准化，有利于规范、统一农业保险服务，推进保险市场的合理有序发展。农业保险标准具有很强的外延性。政策性农业保险标准化有利于吸引更多的外资商业保险公司参与我国农业保险的发展。农业保险的标准化也增强了我国商业保险公司的竞争力，有利于我国保险企业的国际化发展。

表4-3　　我国2006—2016农业保险经办机构数目统计

年份	经办机构数目	年份	经办机构数目	年份	经办机构数目
2005	8	2009	21	2013	29
2006	10	2010	21	2014	29
2007	15	2011	22	2015	33
2008	16	2012	26	2016	33

农业保险的一个显著特点是农业保险的投保人是广大的农业从业者，他们普遍文化水平偏低，对保险了解不多，对农业保险条款的理解存在困难。庹国柱等（2013）认为保单条款的不统一及晦涩难懂，致使投保农民难以理解、接受，不仅造成农业保险投诉纠纷上升，也影响了农民作为投保人和受益人权利的实

现。通过政策性农业保险标准化，以地域为单位统一业务流程、统一业务术语、统一服务标准等，有利于投保人全面、准确的理解农业保险产品和保险条款，方便投保人的投保，提高投保人选择的自由度，从而得到适合自身条件和需求的保险服务。

一 我国保险标准化的发展

迄今为止，人类历史上标准化的发展经历了四个阶段：石器时代，人类标准化实践开始萌芽，这个时期的标准化是自发的或无意识的。建立在手工业基础上的标准化主要采取了简化和统一化的古代标准化；建立在机械手工业基础上的近代标准化，在此时期标准化组织机构开始建立，标准化专业队伍开始形成，标准化领域迅速扩大，标准化作用开始得到充分发挥；新技术革命推动下的现代标准化，质量管理的标准化、安全管理的标准化、信息化的标准化、环境管理的标准化和国际贸易中的标准化这些"软标准化"成为主要内容。裴光等研究了标准化在发展过程中出现了一些新的变化：标准由国内和区域标准逐渐扩展为国际标准，表现在国际标准化组织开始建立并有了飞速发展、国际标准成为全球化生产的前提条件、国际标准成为国际市场竞争的一个焦点；现代标准化在世界各国中由技术问题转变为具有战略地位；现代标准化的制定由个别发展到系统；现代标准化的产生模式由静态后补型发展到动态前导型。

保险业标准化的开端是保单标准化。保险产品的标准化是从海上保险开展并逐步发展到财产险、寿险和责任险。英国海上保险的标准化保单发展最早并且影响深刻。英国劳氏 SG 保单格式于 1779 年开始在伦敦保险市场上采用，其后历经几次修改和完善，在世界范围内被广泛应用。除了海上保险保单标准化之外，美国的标准火险单等也比较成功。保单标准化主要有以下优点：由于保单的基本部分差别不大，使用标准保单，可以减少投保方对不同保单进行比较的麻烦；标准保单上使用的术语均清晰明确，减少了因术语解释不同而引起的矛盾；使用标准保单，使各种财产保险保单的差异减少到最小，提高了保险人理赔的效率；为不同的保险人印刷成千上万的保单提供了方便。其他险种的保单也出现了类似的发展过程。如美国的房主保险单，美国的风险评估事务所于 1958 年推出了世界上第一张房主保险单和私家车保险单等；为满足投保人个性化需求，占领高端保险客户市场，保险公司一般选择在标准保单的基础上，采取附加险的形式来扩充保险责任范围，通过这种安排，保单不仅具有了标准化，而且同时还可以满足多样化需求。随着保险业的国际化，保险业进入保险信息标准化时代，各项保险业务核心流程标准、保险行业和保险公司信息标准、保险行业数据标准等逐渐被建立，并被各大保险公司广泛应用于经营管理中。各保险公司和相关组织在保险业信息化的进程中，采用信息手段使保险经营所需要的信息内容和处理方式实现标准化。另外,国家也往往颁布法律法规,对不同市场领域的信息标准化进行了具体的规定。例如美国联邦政府1996年签署了健康保险信息标准化法案——《健康保险便利和义务法案》,该法案不仅致力于健康安全保障措施的改革,而且规定了管理的单一化。后者的目的是对病人记录的访问和组织间健康信息的电子传输进行标准化。在保险业国际化和信息化的发展过程中,保险业务经营领域经常会出现重复的工作和无法有效地共享信息的问题,使保险行业产生了对于标准的需求。保险行业越来越需要共同的核心流程、信息、数据和衡量标准,以使各大保险公司有效地利用资本,并能快速进入新的市场,进一步提高运营效率,专门为保险行业提供标准化服务的企业或组织的出现满足了各大保险公司的这种需求。美国保险业合作运营研究与开发协会联合(ACCORD)是有代表性的保险标准产品的提供者。ACCORD成立于1970年,由美国纽约的保险代理商国家协会发起,成立的目的是通过简化书面工作和过程,来减少代理商和公司的日常经营成本。迄今为止,ACCORD已经制定了近千个标准表格,这些表格已经被世界上数以万计的保险代理商和保险公司使用。随着电子信息技术的发展,一些保险代理商和保险公司开始关注如何建立信息传递电子化标准,保险研究协会(IIR)应运而生,主要集中于电子数据的处理和通讯。1980年,ACCORD和IIR组成了一个联合标准委员会。1983年两者合并，同时将保险增值网络服务独立出来成为一个实体。合并后的 ACCORD/IIR 专注于颁布电子数据交换的数据标准。在全球化的今天，保险业务越来越依赖于稳定可靠的保险业的具体标准，各专业标准化服务组织也不断致力于全球标准化的和谐化、整合和建立工作。

保险标准化机构发展。我国的保险标准制定机构包括保险行业协会、保险业监督管理委员会及各级政府的质量技术监督局等部门。其中专门的金融标准制定机构为金融标准化委员会。第三届金标会在国家标准化管理委员会和中国人民银行的指导下，由中国人民银行有关司局及直属单位、银监会等多家单位的代表组成。金标会下设证券、保险、印刷等若干分技术委员会，分别负责开展证券、保险、印刷等专业标准化工作。标准工作组承担具体金融标准修订工作，在金融国家和行业标准制修订工作中发挥着重要作用。2013年3月，金标委正式成为标准化协会会员，有利于增加与标准化相关机构和部门的交流协作、拓展获取标准化相关信息渠道等工作。金标委共组织修订了《全国金融标准化技术委员会委员工作细则》等15项制度，形成了以《全国金融标准化技术委员会章程》为主体的金融标准化制度体系，较全面地覆盖了金融标准化工作范畴。通过对金融标准化制度体系的完善，既可以为有效开展金融业标准化工作提供可靠的制度保障和良好的行为规范；同时也有利于完善金融标委会财务管理机制、实现金融标准化工作精细化管理等工作的展开。全国金融标准化技术委员会保险分技术委员会成立于2005年9月26日，保标委是保险业内从事全国性标准化工作的技术组织，负责保险业标准化技术工作以及保险标准化工作的对外交流，保标委按照《中华人民共和国标准化法》、《中国保险业标准化"十一五"规划》以及《中国保险业标准化"十二五"规划》，积极制定和实施了一系列的保险标准规范，在一定意义上促进了商业保险公司的经营和保险业的发展。2014年底，共发布了《保险术语》等21个保险行业标准，保险业标准化工作取得了令人瞩目的阶段性成果。

我国保险的标准化进程也是从保单标准化开始的，中国保险业监督管理委员会于2004年4月19日下发了《推进人身保险条款通俗化工作指导意见》。5月13日，中国保险业监督管理委员会颁布了《保险公司管理规定》规定保险公司使用的保险条款所采用的语言应当通俗易懂、明确清楚、便于理解。中国保险业监督管理委员会于2005年1月18日发布了《人身保险保单标准化工作指引（试行）》，对人身保险保单册的构成、内容及制作要求等做了明确规定，以提升我国人寿保险行业业务险种的服务水平，我国于2006年发布了《保险术语》和《银行保险业务人寿保险数据交换规范》两项行业标准。《保险术语》通过对10大类共999个中英文对照的保险术语的界定，为商业保险公司之间和商业保险公司内部实现信息互通提供了基础,《保险术语》也因此成了保险行业之间实现信息交换和资源共享的必要条件。《银行保险业务人寿保险数据交换规范》为保险公司与银行之间的业务合作提供了必要的条件,有利于银保业务的拓展。《保险术语》标准的发布实施为拓展保险公司之间竞争的深度和广度、促进商业保险公司企业管理过程中的全面信息化和满足专业化监管的需要提供了依据。《银行保险业务人寿保险数据交换规范》作为我国保险业第一个包含业务、数据和信息模型的行业数据标准,规范了以银行保险业务为代表的保险中介业务领域的交易类型、交易包数据模型及交易字典。2005年12月,全国保险业标准化技术委员会成立,主管中国保险业的标准化工作,委员会讨论并制定了标准化建设的"十一五"规划,推动我国保险业标准化工作有条不紊地开展。

  截至 2014 年底,如附录 7 所示,已发布的保险行业标准达到 21 项,其中 2006 年发布《保险术语》是第一个由保险行业制定的金融行业标准,2009 年根据保险业务发展的要求进行了修订。2007 年发布的《保险标准化工作指南》是作为保险标准的标准,对保险标准化程序和标准体系进行了规范。2007 年发布了《保险基础数据元目录》《保险业务代码集》、《保险信息安全风险评估指标体系规范》《保险业信息系统维护工作规范》等六项保险标准和规范共同构成我国保险业信息化标准体系框架的基础,这六项标准是规范我国保险行业信息化建设和信息安全管理的重要依据。2009年发布的《再保险数据交换规范》是保险业再保险信息交换标准的重要组成部分，2009年发布的《机动车保险数据交换规范》为车辆保险业务信息交换提供了标准。2009年发布的《巨灾保险数据采集规范》《石油石化工业巨灾保险数据采集规范》为巨灾保险业务的展开提供了数据采集标准。《保险业IT服务管理基本规范》以及《寿险公司柜面服务规范》是保险服务规范的重要组成部分。《保险公司统计分析指标体系规范》是保险行业统计信息的标准。《产险单证》《寿险单证》是保险业务品种设计标准的重要组成部分。各项标准的出台规范相关业务管理起到了积极作用。行业标准积极发展，各地地方标准渐渐完善。以上海为例，2014年4月，上海市地方标准《机动车辆保险理赔（物损）服务质量规范》出台，2015年上海市出台的地方标准包括：《建立上海保险资金运用工作信息报送制度》《上海地区人身保险电话销售业务管理实施细则》《上海保险机构消费投诉处理工作考评实施细则》等保险标准。通过行业标准和地方标准的构建，我国的保险标准体系日趋完善。

二 我国政策性农业保险标准化发展分析

上述保险标准中，《保险术语》《保险标准化工作指南》《保险基础数据元目录》《保险业信息系统维护工作规范》《再保险数据交换规范》《保险行业机构代码编码规范》《保险信息安全风险评估指标体系规范》《银行保险业务财产保险数据交换规范》《机动车保险数据交换规范》《巨灾保险数据采集规范》《石油石化工业巨灾保险数据采集规范》《产险单证》《保险业IT服务管理基本规范》等标准和规范均适用于我国政策性农业保险标准化建设，是我国农业保险标准体系的组成部分之一。除了这些公共标准之外，专门针对农业保险领域的包括农业保险行业标准、农业保险地方标准及农业保险企业标准等。

（一）农业保险地方标准分析

如前文分析，从标准的内容角度划分，农业保险标准体系可以分为农业保险综合标准子体系和农业保险专项标准子体系。综合标准子体系的各个组成标准根据制定机构的行政级别呈现出纵向排列的组织结构。专项标准子体系的各个组成标准呈现出横向排列的组织结构。综合而来，导致我国的农业保险标准体系呈现出由纵向标准系列和横向标准系列构成的矩阵式结构。

如图4-1和图4-2所示，从制定主体的角度来看，农业保险综合标准子体系由多个政府层级制定的标准组成。具体包括：省级（自治区）农业保险综合标准、地区级农业保险综合标准和县级农业保险综合标准，有的地区镇、乡级政府也出台农业保险综合标准，附录5和附录6分别列举我国部分省市政府出台的农业保险综合标准。专项标准子体系是指我国农业保险标

第四章 我国政策性农业保险标准化发展分析

准体系包括农业保险基础标准、技术标准、信息标准及监管标准等多项平行的标准组成。

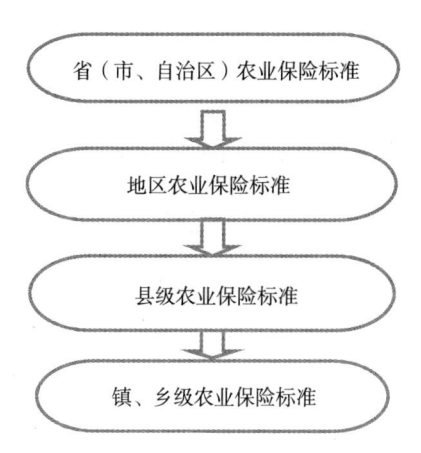

图4-1 我国农业保险综合标准子体系的纵向构成分解

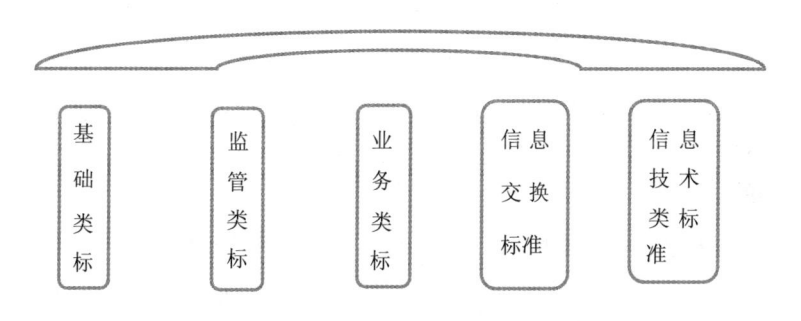

图4-2 我国农业保险专项标准体系的构成

通过对《**省政策性农业保险工作实施方案（试行）》、《**市政策性农业保险工作实施方案》及《**县政策性农业保险工作实施方案》的剖析来分析我国农业保险综合标准子体系的特点。现行的山东省省级农业保险标准包括《**省政策性农业保险工作实施方案（试行）》和《**省农业保险新增补贴品种实施方案》构成。

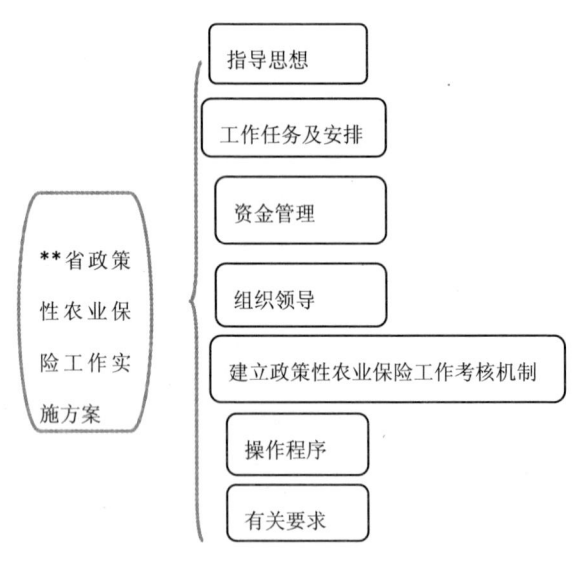

图 4-3 《**省政策性农业保险工作实施方案（试行）》内容构成

作为一个综合的农业保险标准，《**省政策性农业保险工作实施方案（试行）》如图 4-3 所示，其涵盖的内容包括指导思想、工作任务及安排、资金管理等七个方面的内容。具体标准包括农业保险承保、理赔、资金管理等多个方面。承保范围方面，将省内各险种对应的保险范围进行了调整，强调对农业保险公司资质的要求。保险险种方面，规定了本省政策性农业保险险种的种类，山东省政策性农业保险险种为玉米、小麦、棉花、能繁母猪等，规定有条件的地方可根据本地区的实际情况积极开展其他险种的农业保险工作，承保责任方面，根据本省自然灾害特点，对本省政策性农业保险补贴险种的保险责任范围进行了详细的列举和规定。保费标准和保险金额方面，对本省每一农业保险险种的保险费和保险金额及对应的保险责任做出了详细的规定。保费补贴比例方面，结合本省实际情况对每一农业保险各级政府的补贴比例给出了详细的标准。保险期限及签约、理赔时间方面，对每一农业保险险种的保险期限、签约和理赔时间做出了详细的规定，同时规定了理赔资金的支付方式及支付期限。关于承保公司方面，强调农业保险的承保公司应加强农业保险基层服务体系建设，要求各政府部门应积极与承保公司进行合作。要求各承保公司按照市场化原则经营农业保险业务，同时对农业保险巨灾风险金制度和再保险业务也提出了相关要求。勘查定损方面，对保险时间和受理单位做出了详细的规定，一方面有利于投保农户进行投保，另一方面通过规范承保公司的受理程序有效保护农户利益。该方案同时也对政策性农业保险保费补贴资金管理办法进行了规定，同时强调了政策性农业保险联席会议成员单位、政策性农业保险工作领导机构以及各级农业保险办公室对政策性农业保险工作的组织安排，通过建立政策性农业保险工作考核机制来保障农业保险工作的开展。该方案同时也对农业保险的操作程序进行了规定，包括要求农业保险经办主体应广泛发动，做好投保农户的合同签订工作，强调对参保农户的公示，包括公示时间和公示地点。方案最后对农业保险的档案管理工作、理赔流程及工作经费等问题进行了规定。

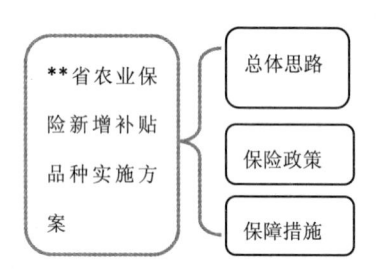

图 4-4　《**省农业保险新增补贴品种实施方案》内容构成

《**省农业保险新增补贴品种实施方案》是《**省政策性农业保险工作实施方案（试行）》的补充，由总体思路、保险政策和保障措施三部分内容组成。保险政策方面包括保费补贴品种、保险责任范围、基本保障水平、农业保险承办机构、巨灾风险分散机制等五部分内容组成。关于保费补贴品种，分别列举了山东省范围内的中央财政补贴的保险品种、地方财政补贴的保险品种等内容。关于保险责任范围，分别规定了种植业、养殖业和森林及地方特色保险品种的保险责任范围。对养殖业农业保险每一品种对应的重大灾害、自然灾害、意外事故等进行了详细的列举和说明，给出了山东省养殖业重大灾害、自然灾害、意外事故的核定标准。关于基本保障水平，规定了种植业、养殖业、森林及地方特色保险农业保险品种的保险金额的核定原则与保险费率、保险费和保险金额的具体标准。关于农业保险经办机构方面，列举了山东省范围内愿意参与农业保险业务的七家经办机构，强调各农业保险经办机构对基层服务体系的建设，对于分支机构不健全的保险公司不批准承办农业保险业务，通过对农业保险经办机构服务网络建设的规范，来确保农业保险的服务质量和服务水平。关于巨灾风险分散机制方面，要求各农业保险经办机构均应建立农业保险巨灾风险金制度和"以险养险"的补充机制，利用再保险等市场化运作来分散农业保险风险。保障措施方面，对农业保险的组织机构、资金安排、宣传力度、市场开拓及监督检查进行了规范。

以《**市政策性农业保险工作实施方案》为例来分析地市级农业保险综合标准的特点。《**市政策性农业保险工作实施方案》也是由七部分内容组成，具体包括：指导思想、工作任务与安排、资金管理等内容。其结构框架与山东省政策性农业保险工作实施方案一致。关于承保范围，详细规定了辖区内各县农业险种范围，对本地区的农业保险品种及对应的保险责任做出了详细的列举与说明，详细列举了辖区内农业保险的保险费标准与保险金额标准，说明了每一险种对应的保险责任，给出了辖区内农业保险保费补贴各级政府的承担比例，规定了各险种保险期限及签约、理赔时间，通过对承保公司保险基层服务体系建设的要求和对保险运作的规范来提高农业保险经办机构的服务质量，促进农业保险的经办效率。同《**省政策性农业保险工作实施方案（试行）》一样，《**市政策性农业保险工作实施方案》也强调各农业保险承保公司应加强基层服务建设，强调各政府部门应积极主动配合好承保公司的工作。保险运作方面的规范内容涉及农业保险承保公司与农业技术推广部门的合作，农业保险巨灾风险金制度的建立及"以险养险"等内容，该部分内容同《**省政策性农业保险工作实施方案（试行）》相似，查勘定损方面，对被保险人和村委会等的义务做出了规定，包括灾害发生后申报时效与申报流程，对承保公司方面的规定包括承保公司的理赔流程及理赔资料等内容。资金管理方面，引用了山东省的相关规定。组织领导方面强调了市政策性农业保险联席会议成员单位、农业部门、财政部门、各农业保险县、各级农业保险办公室在农业保险工作开展过程的具体职责。通过建立政策性农业保险工作考核机制保障辖区内农业保险工作的开展。操作程序方面主要强调对农业保险相关政策等的宣传，保险合同签订以及参保农户的公示等内容，包括承保公示的内容与理赔公示的内容及时效。相关要求方面，包括对宣传力度的要求，对于农业部门和承保公司档案管理的要求，强调承保公司的规范经营及简化程序。对承保单位的工作费用的提取比例与用途做出了详细规定。

以《**县政策性农业保险工作实施方案》为例来说明县级农业保险综合标准的特点。《**县政策性农业保险工作实施方案》也是由七部分内容组成，具体包括：指导思想、工作任务与安排、资金管理等。工作任务与安排是整个规范的重点。工作任务与安排由承保范围、保险品种、保险责任、保费标准、保险金额、保费补贴比例等内容组成。承保范围和保险品种方面，对博兴县该年度政策性农业保险险种及承办公司进行了详细的列举。保险责任方面，列举了本县政策性农业保险险种对应的保险责任范围。保费标准方面，给出了本县政策性农业保险险种的保险费标准、保险金额标准及对应的保险责任。保费补贴比例方面，对本县政策性农业保险险种各级政府的补贴比例进行了详细的说明。规定了各险种保险期限及签约、理赔时间，通过对承保公司保险基层服务体系建设的要求和对保险运作的规范来提高农业保险经办机构的服务质量，促进农业保险的经办效率。同《**市政策性农业保险工作实施方案》一样，《**县政策性农业保险工作实施方案》也强调各农业保险承保公司应加强基层服务建设，强调各政府部门应积极主动配合好承保公司的工作。保险运作方面的规范内容涉及农业保险承保公司与农业技术推广部门的合作，农业保险巨灾风险金制度的建立及"以险养险"等内容，该部分内容同《**市政策性农业保险工作实施方案》相似，查勘定损方面，对被保险人和村委会等的义务做出了规定，包括灾害发生后申报时效与申报流程，对承保公司方面的规定包括承保公司的理赔流程及理赔资料等内容。资金管理方面，引用了山东省的相关规定。组织领导方面强调了市政策性农业保险联席会议成员单位、农业部门、财政部门、各农业保险县、各级农业保险办公室在农业保险工作开展过程中的具体职责。通过建立政策性农业保险工作考核机制保障辖区内农业保险工作的开展。操作程序方面主要强调对农业保险相关政策等的宣传，保险合同签订以及参保农户的公示等内容，包括承保公示的内容与理赔公示的内容及时效。相关要求方面，包括对宣传力度的要求，对于农业部门和承保公司档案管理的要求，强调承保公司的规范经营及简化程序。对承保单位的工作费用的提取比例与用途做出了详细规定。

综合三级政府的农业保险综合标准内容，可以看出农业保险综合标准子体系呈现出以下特点：从制定主体看，农业保险标准多由各级政府职能部门联合制定。如《**省政策性农业保险工作实施方案（试行）》由省保险监督局、省农业厅、省财政厅及省金融办联合制定。《**市政策性农业保险工作实施方案》由市农业局、市财政局、市金融证券办公室联合制定。《县政策性农业保险工作实施方案》的制定主体为县农业局、县财政局及县金融办公室。

从构成内容上看，各级政府所指定的农业保险标准文件结构基本相似。地方各级政府农业保险标准多以规范的形式给出，其机构框架相似。以山东省为例，《山东省政策性农业保险工作实施方案（试行）》、《滨州市政策性农业保险工作实施方案》、《博兴县政策性农业保险工作实施方案》三个条例的框架都是由七部分组成，内容较为综合，涉及了农业保险主体资格、服务标准及技术标准等，约束主体包括农业保险公司、投保农户、辖内各级政府及相应职能部门。县级、镇级农业保险标准一般都以上一级政府农业保险工作为指导。

从修订周期上看，地区级和县级农业保险标准修订周期较长，应更新及修订频率适合农业保险发展，大多数农业保险标准修订时间或修订频率未形成制度。个别省级农业保险标准修订周期较长。上述三个农业保险综合标准的制定时间为2012年，至今尚未进行修订。有的地方农业保险标准修订比较规律按时。以北京市为例，北京市从2008年到2014年连续6年出台《北京市政策性农业保险统颁条款（试行）》，地方政策性农业保险标准化的出台，使得农业保险的发展更加符合地方实际，农业保险理赔管理工作更加规范，有利于为当地农业保险客户提供更加优质、高效的理赔服务，促进农业保险更好地服务于当地农村社会经济发展。

我国农业保险综合标准呈现多层级的原因在于地区间农业发展和农业风险的不同。省与省之间农业风险不同，同一个省内，县与县之间农业风险不同导致农业保险责任不同，不同的保险责任需要不同的农业保险标准来规范。同时，由于不同地区间农业发展特色不同、经济发展水平不同导致不同地区补贴品种和补贴标准不同，等等这些因素造成了我国农业保险综合标准呈现出对于地方特色的内容如保险责任、补贴比例等逐级细化的现象，而对于一些共性的内容如农业保险的组织管理等呈现出在不同级别的农业保险综合标准中重复出现的现象。

专项农业保险标准子体系分析。专项农业保险标准包括由中国保险业协会、保监会发布的行业专项标准，各省质量技术监督局制定的专项标准和各商业保险公司制定的专项标准。由中国保险业协会和保监会制定的农业保险专项标准中，基础标准类别，基础数据标准包括《保险术语 2009 版》《保险基础数据元目录》《保险基础数据模型》《保险标准化工作指南》。信息分类编码标准为《保险业务集代码》。业务财务指标集标准为《银行保险业务财产数据交换标准》《巨灾保险数据采集规范》《再保险数据交换规范》。监管类标准中，统计信息标准包括《农业保险统计制度》《保险公司统计分析指标体系规范》。风险评估标准为《保险信息安全风险评估指标体系标准》。业务类标准包括《农业保险承保指引》《农业保险理赔指引》《保险业IT服务管理基本规范》《产险单证》《保险公司非寿险业务准备金管理办法（试行）》《保险公司非寿险业务准备金管理办法实施细则（试行）》，其中《农业保险承保指引》给出了种植业保险保单、农业保险凭证和种植业保险分户标的投保的标准格式，是我国农业保险保单标准化的具体实施。信息交换标准包括

《银行保险业务财产数据交换标准》。信息技术类标准包括《保险业信息系统维护工作规范》等。另外，与农业保险服务相关的标准、规范的文件也应属于农业保险标准的范畴。例如2013年中华人民共和国保险监督委员会出台《关于进一步加强农业保险业务监管规范农业保险市场秩序的紧急通知》，2015年中国保监会、财政部、农业部出台《关于进一步完善中央财政保费补贴型农业保险产品条款拟定工作的通知》。2014年国务院办公厅出台的《关于建立病死畜禽无害化处理机制的意见》等。《关于建立病死畜禽无害化处理机制的意见》为养殖业保险理赔服务开展提供了相关标准。

专项农业保险标准主要针对农业保险的某一方面。从整体上看，大多数的专业标准其适用范围为财产保险，专门针对农业保险的专项标准主要集中于业务类标准，如《农业保险承保指引》等。针对农业保险具体类别如养殖业保险、种植业保险等的标准少之又少。专项农业保险标准是对农业保险综合标准内容的进一步细化。

（二）农业保险行业标准分析——以《农业保险服务通则》为例

《农业保险服务通则》是保险业首个团体标准，从实际操作层面规范农业保险经营管理全流程。《农业保险服务通则》对保险机构基础服务、内控管理、承保服务、理赔服务、查询服务、增值服务、咨询投诉等七个方面提出了明确的操作标准。其中，在基础能力服务方面提出了保险机构在乡镇一级宜设立与农业保险业务规模相适应的服务点。在内控管理方面，提出保险机构应建立重大灾害预警机制，及时处置农业突发灾害事件，建立与业务规模及偿付能力相匹配的大灾风险分散机制，做好再保险制度安排。在承保服务方面，要求保险机构应确保农户知情权和自主权，不应欺骗误导农户投保，不应以不正当手段强迫农户投保或限制农户投保；简化承保手续，提高保险标的信息准确性。在理赔服务方面，要求保险机构应24小时接受农户报案，编制查勘报告应注明查勘时间和地点，并对标的受损情况、事故原因以及是否属于保险责任等提出明确意见；支付赔款时应通过零现金转账直赔方式支付到被保险人银行账户中，并留存有效支付凭证。在查询服务、增值服务及咨询投诉等方面，也提出了农业保险服务的相关标准。《农业保险服务通则》有利于促进保险机构提高农业保险服务质量和竞争力，提高农户的保险体验和满意度，提升保险业服务"三农"发展、助力精准扶贫的能力。相比较于农业保险的综合标准，《农业保险服务通则》作为行业标准，对农业保险服务制定了更加详细的标准要求。

（三）我国政策性农业保险标准化运行分析

现阶段我国农业保险标准推广模式以主要是政府主导型模式。保监会、保险行业协会及各地地方政府成为农业保险标准推广的三大主体。保监会和保险行业协会凭借其行业领导地位，组织农业保险标准需求的调研及标准的制定和实施，各级政府凭借行政手段因地制宜，制定符合本地情况的农业保险标准，推动农业保险标准的实施。

第五章　政策性农业保险标准化绩效评价

保险作为一种特殊商品，其本质是提供风险保障服务。随着我国农业保险业务的开展，保险为农村经济发展做出了积极贡献。然而，一些商业保险公司侵害投保农户合法权益的情况也时有发生，保险行业和地方各级政府也相继出台文件规范农业保险服务来保护农户的合法权益。通过制定和实施承保、理赔等农业保险服务标准，运用政策性农业保险标准化原则和方法，实现农业保险服务方法规范、服务过程程序化，提升投保农户的满意度。本章根据农户对保险公司服务质量的评价来考察农业保险服务标准化的绩效。

第一节　绩效与绩效评价理论

一　绩效与绩效评价

绩效概念的界定。学界对绩效从不同的角度进行了定义。李剑锋（2003）分别从管理学、社会学等角度对绩效的概念进行界定。绩效从管理学的角度被定义为组织期望的结果。绩效从社会学的角度被定义为每一个社会成员按照社会分工所确定的角色而承担的职责。该社会成员的生存权利由其他社会成员或组织的绩效保证，而该社会成员的绩效又保障着其他社会成员或组织的生存权利。王雁飞等（2005）从适用范围的角度对绩效的定义进行了总结：绩效就是完成任务。该概念主要适用于生产工人或体力劳动者。生产工人或体力劳动者的绩效就是"完成所分配的生产任务"。其劳动产品即绩效。根据这种界定，绩效可以被概括为工作结果或产出。绩效是"行为"。结合本书的研究目的，本书将绩效定义为工作结果或产出。

  绩效评价就是评定和估计个人、组织或项目工作绩效的过程和方法。绩效评估包括评估对象、评估主体、评估指标、评估方法等六个方面的要素。评估目标是指通过绩效评估的选择、预测和导向作用来实现组织或项目的战略目标。评估目的决定了评估对象，评估的结果对不同的评估对象产生的影响各不相同。绩效评估标准是指用于判断评估对象绩效优劣的标准。评价方法是指在评价目的、评价指标等要素的基础上形成的具体实施评价过程的程序和方法。评价方法根据评价目的和评价主体来确定。绩效评估应遵循公开与开放、反馈与提升、定期化与制度化、可靠性和正确性、可行性与实用性的原则。就评价主体而言，绩效评价可分为外部评价和内部评价。以政策性农业保险标准化评价为例，政策性农业保险标准化的外部评价就是由商业保险公司以外的有关评价主体对商业保险公司做出的评价，外部评价主体包括保险监督管理部门、投保农户等。政策性农业保险标准化内部评价则是由经办农业保险业务的商业保险，其内部标准化监督评价机构对政策性农业保险标准化效果做出的评价，主要包括标准化职能部门、员工等。

常用绩效评价方法。根据国内外标准化效应评价研究的调查，常用的标准化效益评价方法包括：效益成本分析法、问卷调查法、生产函数方法、案例分析法、数据包络方法等。保险业属于服务业，按照全国服务标准化委员会编著的《服务业标准化》，服务业标准化评价方法包括符合性方法、效果评价方法两大类。其中符合性评价方法主要指对标准或标准体系执行情况的评价。符合性评价方法包括观察、查看标准实施的相关记录和报告、询问管理人员、实施人员对标准的熟悉情况、随机抽查等方法来考察标准或标准体系的执行情况。在对政策性农业保险标准化绩效进行评价时，分别对农户和保险公司工作人员进行问卷调查考察农业保险标准体系的执行情况，这属于符合性评价方法。效果评价方法包括服务质量评价方法、经济效益评价方法及社会效益评价方法。服务质量评价方法包括定量分析、纵横对比、现场体验、查看记录和报告、顾客满意度调查及神秘顾客调查等方法。定量分析方法主要是针对实践性和经济性的评价。在政策性农业保险标准化绩效评价过程中，可以从投保农户的角度出发，采用抽样统计进行定量分析，确定各项农业保险标准实施后投保农户所接受的农业保险服务的质量情况来评价政策性农业保险标准化的绩效。在进行质量评价过程中，应当尽可能根据服务内容和服务标准设计抽样调查方案，尽可能确保数据的全面性，认真分析调查结果和评价结果。从商业保险公司和政府的角度，对政策性农业保险标准化绩效进行评价属于经济效益评价，经济效益评价方法包括直接经济效益评价和间接经济效益评价。经济效益的评价方法包括成本收益分析法、生产效率方法等。社会效益评价方法包括基本线调查法、综合分析评估方法等。

二 政策性农业保险标准化绩效评价的内容

政策性农业保险标准化的最终受益人为农业保险制度的参与者，所以本书对政策性农业保险标准化绩效的评价主要是从农业保险制度参与主体的角度展开。各参与主体的受益点不同，因此评价的内容也不同。政策性农业保险标准化绩效评价的内容包括：第一，国家层次、行业层次和地方层次农业保险标准的执行情况和效果。该部分内容主要通过对农户进行农业保险服务情况的满意度调查来进行评价。我国现阶段农业保险的国家标准、行业标准及地方标准主要是对农业保险服务进行规范，通过对农业保险服务情况的综合评判可以评价各商业保险公司对国家层次、行业层次和地方层次农业保险服务标准的执行情况。第二，国家层次、行业层次和地方层次农业保险技术标准化和信息标准化的执行情况和效果。标准的制定主体包括国家、行业、地方及商业保险公司。在政策性农业保险标准化建设过程中，商业保险公司根据农业保险业务的开展情况，制定和执行企业层面的各项标准。该部分内容主要通过对商业保险公司工作人员的问卷调查和商业保险公司制定、执行标准后经营效率的变化分析来进行评价。第三，政策性农业保险标准化实施对农业保险行业的整体影响。该部分内容通过对农业保险标准对农业保险发展的影响进行评价。将农业保险标准作为行业技术的进步，考察政策性农业保险标准化对整个农业保险行业的影响。

我国农业保险实行的是"政府主导、商业运作"的模式。截至 2016 年 12 月，我国经办农业保险的商业保险公司共 33 家。经办农业保险的商业保险公司分为两类，一类是兼营农业保险业务的财产保险公司，包括人保财险、国寿财险、大地等财产保险公司，共 27 家；另一类是专门的农业保险公司。中国保监会遵循"先起步、后完善，先试点、后推广"的原则，先后有安信农业保险公司、安华农业保险公司和阳光农业保险相互保险公司、国元农业保险公司、中原农业保险农业、法国安盟等六家农业保险公司。农业保险公司自设立以来在发展农业保险方面进行了积极的探索和实践，取得了一定的成就。表 5-1 给出了我国 2015 年各商业保险公司农业保险保费收入，数据来源于 2016 年《中国保险统计年鉴》。

表 5-1　　2015 年各商业保险公司农业保险保费收入

公司名称	保费收入（亿元）	公司名称	保费收入（亿元）	公司名称	保费收入（亿元）
人保财险	18867.42	史带	0.94	英大财险	0.41
国寿财险	846.22	华安	2.83	国元农险	1889.47
大地	148.75	永安	202.14	紫金	225.02
太平财险	19.71	安信农险	516.89	浙商	27.93
太保产险	1125.21	安邦财险	165.73	泰山	144.93
平安产险	679.78	安华农险	1862.32	锦泰	178.18
中华联合	6620.71	阳光农险	2387.87	诚泰	11.04
阳光产险	105.61	都邦	0.52	长江财险	6.49
华泰财险	7.98	华农	65.36	中航安盟	1087.52
天安财险	6.82	安诚	68.92	中煤财险	41.99
北部湾财险	192.43	中原农险	70.39	劳合社保险	315.23

2014年8月，国务院出台《关于加快发展现代保险服务业的若干意见》中提出"积极发展农业保险""健全农业保险服务体系，鼓励开展多种形式的互助合作保险""拓展三农保险广度和深度"等新的发展目标和思路，我国农业保险业务发展迎来了新的发展机遇。商业保险公司政策性农业保险标准化建设。商业保险公司政策性农业保险标准化的工作包括两个层次的内容，第一个层次的标准化是实施由政府或相关机构制定的相关标准，来规范自身经营管理活动，即农业保险标准的执行。农业保险企业标准化工作的基本任务，是执行国家有关政策性农业保险标准化的法律、法规，

实施农业保险的国家标准、行业标准和地方标准，并对各项农业保险标准的具体实施情况进行检查。第二个层次是指企业内部自己制定和实施的相关企业标准，来规范经营管理的活动。商业保险公司标准化是企业标准化在农业保险领域的体现，它具有企业标准化所应具有的一般特性。农业保险企业标准的制定主体是经营农业保险的商业保险公司。商业保险公司的企业标准是在商业保险公司范围内需要协调、统一的农业保险技术要求、管理要求等所指定的标准，农业保险企业标准是商业保险公司开办农业保险业务的依据。我国商业保险标准化建设以商业保险公司的自主开展为主，我国各经办农业保险业务的商业保险公司积极从保险企业发展和服务农户的角度出发，制定了各项标准，来规范经营，促进自身发展。以安华农业保险公司为例，安华农业保险公司成立了标准化委员会，制定了玉米、油菜、小麦、水稻、棉花、马铃薯、葵花、花生和大豆九种作物查勘定损技术标准，分别规定了这些作物种植成本保险查勘定损的术语、定义、查勘定损要求、查勘人员组成、查勘定损时间、查勘定损方法和查勘定损结果处理。

以《保险公司信息系统安全管理指引（试行）》为例来分析农业保险信息标准化对商业保险公司的影响。指引首先对信息系统安全的概念进行了界定。指出了信息系统安全工作的意义。关于保险公司信息系统安全管理的总体要求。强调了信息系统安全工作的要求及安全保障体系的构建，信息系统安全的责任主体及第一责任人。信息安全组织机构的构建及信息系统安全管理职责的内容。安全管理规章制度的建设及定期的修订。信息系统安全工作人员的配备要求与职责。信息安全管理与治理相关培训的开展，对参与信息系统建设、运行维护和操作使用的人员进行安全教育、技能培训和考核。信息管理相关制度和流程的制定，信息系统灾难恢复建设工作并定期进行演练。信息系统安全事件进行等级划分和事件分类安全信息获取渠道、信息科技风险审计岗位的设置与工作要求。关于基础设施与网络设备环境的要求。包括中心机房和灾备机房设置条件，机房运行维护安全管理制度的建立及人员配备。信息系统资产安全管理制度的建立。物力安全保护区的设立、网络体系和网络安全制度的建立。网络外联方式及安全性要求。信息系统平台软件的安全管理及配置标准的落实、管理信息系统相关硬件设备及使用流程的规范化、介质分类管理制度的建立。密码设备管理制度的建立与健全。通过建立严格信息发布制度来加强门户网站系统安全管理工作。关于信息化工作外包采购服务的规范。要求实施信息化工作外包的公司，应制定完备的外包服务管理制度并不得将信息系统安全管理责任外包。建立健全外包承包方考核、评估机制等内容。

商业保险公司通过执行国家、行业和地方标准，建立了协同一致的、标准化的农业保险工作流程，实现了公司内部不同业务领域的统一规范。商业保险公司标准化工作能够促进公司的业务实务和管理能力的优化和提升，降低无序化风险，促进业务协同和数据整合，为保险公司业务沟通、信息共享建设提供了统一的准则和约束性规范。

以安华农业保险公司为例来对农业保险企业标准化建设情况进行分析。安华农业保险公司成立的标准委员会，制定了相关的查勘定损技术标准。整个标准体系由农作物种植成本保险查勘定损技术标准总则及10个种类的农作物查勘定损技术标准组成。总则包括标准的内容和标准的使用范围。标准的内容包括农作物种植成本保险的术语、定义、查勘定损要求、查勘人员组成、查勘定损时间、查勘定损方法和查勘定损结果的处理等方面的内容。术语与定义方面，标准总则界定了农作物种植成本保险、保险体系的组成、种植成本、保险标的、保险期限、保险责任、除外责任、保险面积、损失面积、标准产量、损失程度、全部损失、部分损失、赔偿下限、免赔率、赔偿处理15个保险术语及部分计算公式。每个术语定义包括该农业保险术语的中文名称、英文名称及中文定义，部分术语还包括该概念的计算公式。查勘定损要求方面包括查勘工作的基本要求、查勘的范围、抗灾减损工作的开展、查勘报告的编写及查勘定损单证内容的要求等。标准规定了农业保险查勘定损人员的组成结构及查勘定损的时间。查勘定损办法方面的规定包括查勘定损的流程。在确定损失面积环节对每种方法的使用做了详细的要求。如使用影像测绘法来确定损失面积时，分别规定了损失面积分布分散且在10000亩以上和10000亩以下，采集受灾区域地区的数字正摄影图分辨率的最低要求。对相片重叠度、相片倾角、相片旋角、影像质量等影像测绘技术指标进行了详细的规定。在确定损失程度环节对抽样法的取样点选取标准、取样点选取方法、取样点选取个数、损失程度确定方法做了详细的规定。分级公示方面包括对参保农户、村级组织、乡镇政府部门、县级政府部门及县级以上部门的登录查看的方式及内容做了详细的规定，查勘定损结束后，公司应严格按照《农作物种植成本保险条款》规定进行理赔结算。在总则下每一种农业保险品种又有该品种的查勘定损技术标准。以玉米种植成本保险查勘定损技术标准为例，该标准内容组成与总则的内容组成一致，同样是由术语、定义、查勘定损要求、查勘人员组成、查勘定损时间、查勘定损办法和查勘定损结果处理等内容组成。标准对于术语和定义的界定引用总则的界定。该技术标准的特点在于对影响玉米自然灾害种类及其危害程度的分析。标准对于暴雨、洪水、内涝、风灾、雹灾、旱灾、霜冻、障碍性低温冷害、主要虫害等九种灾害的发生时间及对玉米的危害方式与后果做出了详细说明，尤其对于雹灾和主要虫害的规定。通过给出冰雹半径、累计降雹时间和地面积雹厚度的三个计量标准，来界定不同程度的雹灾。

虫害包括地下虫害、黏虫、蚜虫及红蜘蛛。对这些虫害的危害方式及表现做了详细列举说明。通过这些详细列举和说明，有利于查勘定损人员对相关损失的认定有据可查，有利于查勘定损工作的科学开展，能够有效减少投保人和保险人之间异议的产生。对于查勘定损要求、查勘人员组成和查勘定损时间等则引用总则的规定。查勘定损办法包括经验定损和抽样理论测产、抽样实打实测的计算公式等。查勘定损结果的处理则引用总则的相关规定。结合对技术标准总则和具体险种技术标准的分析可以看出，总则给出了各险种的共性标准，避免在每一险种标准中重复规定，是具体险种技术标准的基础。具体险种技术标准根据每个险种的特点，进一步对相关标准做出了细化。

政策性农业保险标准化工作有力促进了对商业保险公司农业保险业务完善和创新。农业保险标准的制定过程，是对农业保险经办机构经营活动中发展趋势以及跨业务系统进行统一思想、创新机制的过程。各项标准是商业保险公司基础研究的着力点，标准化过程是各项研究成果应用和检验，通过农业保险标准的实施缩短了研究成果的转化过程。通过农业保险信息化标准增强了商业保险公司信息系统的复用性，通过农业保险服务标准化提高了农户对保险服务的满意度，从而可以促进农业保险的需求，这些都为商业保险公司业务发展和创新提供了有力支撑。标准化建设有利于商业保险公司的精细化管理。

第五章　政策性农业保险标准化绩效评价

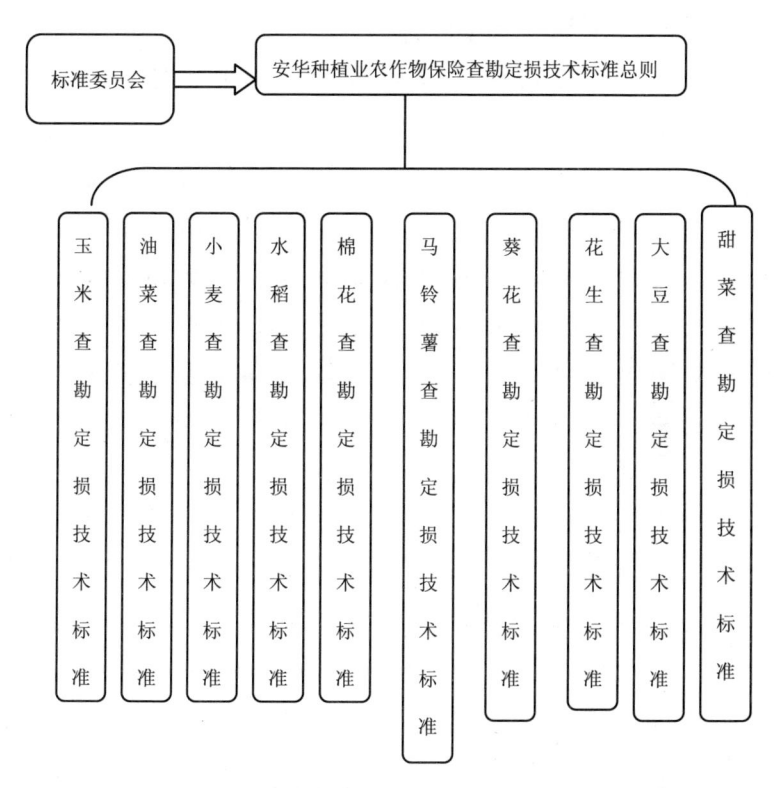

图 5-1　安华农业保险公司技术标准

本章主要从商业保险公司的角度对政策性农业保险标准化进行绩效评价研究。首先利用调查问卷的形式对我国现阶段承办农业保险业务的公司展开政策性农业保险标准化状况调查，分析发现，商业保险公司对农业保险国家标准、行业标准及地方标准贯彻、执行情况较好，商业保险公司自身农业保险标准的制定和实施主要集中在管理标准和工作标准，商业保险公司普遍欠缺政策性农业保险标准化人才。大多数商业保险工作尚未设立专门的标准化管理部门和有专职的标准化人员。商业保险公司政策性农业保险标准化工作处于初级阶段，学习、使用现有国家和行业农业保险标准是主要工作，对建立农业保险标准体系这样的较深层次标准化工作涉及不多。利用 DEA 分析方法对商业保险公司制定和实施农业保险企业标准后的经营效率进行分析，研究发现商业保险公司通过制定和执行农业保险企业标准，能够有效提高商业保险公司的经营效率。为进一步推进商业保险公司农业保险标准化工作的开展，首先应提高商业保险对政策性农业保险标准化工作的认识，鼓励其建立企业标准化管理机制，积极开展政策性农业保险标准化工作。组建标准化部门，进一步完善标准化机构组织建设，明确责任分工，为政策性农业保险标准化的深化发展奠定基础。加强政策性农业保险标准化人才培养，建立服务于商业保险公司内部控制管理、全面风险管理及业务发展的企业标准体系。

第二节　基于政府视角的政策性农业保险标准化绩效评价研究

从政府的角度来看，政策性农业保险标准化有利于其主导作用的发挥，有利于农业保险的发展。通过标准体系来规范商业保险公司的行为，从而保证它们之间的统一协调，提高农业保险公司的经营效率，有利于增加农业保险的供给。另外,政策性农业保险标准化也促进了农业保险的需求。

表 5-2 2007—2016 年我国农业保险保费收入、农业保险密度与保险深度

年份	农业保险保费收入(亿元)	农业保险深度	农业保险密度
2007	52.0573	0.18%	7.281149
2008	108.433	0.32%	15.40263
2009	133.9124	0.38%	19.42505
2010	135.8536	0.37%	20.24252
2011	174.461	0.42%	26.57198
2012	240.6	0.51%	37.4638
2013	306.6	0.60%	48.90654
2014	325.7	0.59%	52.64604
2015	374.7	0.65%	62.09193
2016	417.7	0.70%	70.829

2007—2016 年农业保险保费数据来源于相关年份《中国保险年鉴》,农业保险密度等于农业保险保费收入与当年农业生产总值的比值,农业保险深度等于农业保险保费收入与当年农业人口的比值。

政策性农业保险标准化有利于农业保险保费补贴绩效评价工作的开展。农业保险保费补贴绩效评价已经成为农业保险事业发展的重要内容之一。通过制定农业保险标准,为农业保险绩效评估提供依据,能更好地评价农业保险工作的绩效,推进农业保险的深化发展。政策性农业保险标准化是实现基本公共服务均

等化的要求。国务院《国家新型城镇化规划2014—2020》中提出"加快农业保险产品创新和经营组织形式创新,完善农业保险制度"。作为完善城乡发展一体化体制机制的一项重要措施,推动政策性农业保险标准化,可有效提高基本公共服务均等化水平。标准化是均等化的基础。农业保险作为一项准公共物品,是政府公共服务的组成部分。通过制定农业保险标准体系,开展政策性农业保险标准化建设,能够普遍提升农业保险服务水平。综上所述,从政府角度评价政策性农业保险标准化的绩效,即对政策性农业保险标准化对农业保险行业的整体影响进行评价。

一 评价方法的选择

随着我国各行业标准化的发展,众多学者从不同角度对标准化对行业发展的影响进行了定性和定量的评价,但标准化对保险行业的研究大多数局限于定性描述分析。学者多利用柯布-道格拉斯生产函数来评价标准化对各行业发展的影响。本书选用该生产函数方法研究政策性农业保险标准化对农业保险行业发展的贡献。

柯布-道格拉斯生产函数的一般形式为:

$$Q = AL^{\alpha}K^{\beta} \qquad 公式(5-1)$$

上述公式中,Q代表产出值,A通常被认为是技术因素影响。L代表生产中投入的劳动量,K代表生产中投入的资本，$a\beta$ 表示劳动对经济增长的贡献率，α 代表资本对经济增长的贡献率。结合我国保险业的实际发展情况，廖仁治（2010）认为保险业总生产函数可以用数学表达式表示为：

$$Q = A.f(K, L, R) \qquad 公式（5-2）$$

其中，Q 为保险业总产出，A 代表保险技术水平，包括风险管理、投资能力等。K 为资本投入，包括保险公司营业费用、资本金等物质投入；L 为保险公司的人力资源投入，R 为保险资源（可保风险），论文前面从多角度分析了政策性农业保险标准化对农业保险经营的重要作用。结合研究目的，本书将传统生产函数技术因素 A 具体分解为农业保险技术进步和农业保险技术创新。通过制定、实施各层面的农业保险标准，代表行业先进水平的农业保险技术被作为标准在保险行业和商业保险公司内部得以广泛实施，各项新农业保险技术通过这种方式转变为整个农业保险行业的生产力。本书将国家、行业以及省级政府历年发布实施的相关农业保险标准纳入生产函数中代表农业保险技术进步。农业保险技术创新主要表现为新险种的开发，本书使用农业保险品种来代表农业保险技术创新。论文采用反映各农业保险经营机构的农业保费收入支出作为因变量，自变量包括固定资产数值、农业保险标准、农业保险品种及各公司员工数目，参考王艳花（2012）的研究，构建扩展的农业保险生产函数，其具

体形式如下:

$$Y = A(IC)^{\lambda}(IS)^{\varphi}(K/L)^{\alpha}e^{\mu} \qquad 公式(5-3)$$

其中，Y 代表我国农业保险历年保费收入，IC 代表农业保险品种的存量数，IS 代表农业保险标准的存量数，K 代表当年经办农业保险业务的商业保险公司其固定资产之和，L 代表当年经办农业保险业务的商业保险公司员工人数之和，μ 代表残差项。

取对数形式为:

$$\log Y = \log A + \lambda\log(IC) + \varphi\log(IS) + \alpha\log(K/L) + \mu$$
$$公式(5-4)$$

二　数据的收集与整理

从 2007 年开始国家出台农业保险补贴政策，2007 年可以看作是我国农业保险经营的"分水岭"，本书将研究区间设定为 2007—2014 年。采用 2007—2014 年的时间序列数据建立模型。各保险公司的农业保险保费收入、固定资产和员工数、农业保险品种数目的原始数据来源于中国保险业监督管理委员会网站、中国保险业协会网站以及历年的《中国保险统计年鉴》《中国统计年鉴》等。对农业保险标准存量的计算方法，本书所使用的农业保险标准存量数据以上一年与当年标准存量的平均数计算，包括农业保险国家标准、农业保险行业标准和农业保险省级标准，不包括省级以下各级政府制定的农业保险标准和农业保险企业标准,一般来说,因为我国目前国家、行业和地方政府三个层面的农业保险标准是基于政府推动实施的,政策性农业保险标准化的发布到贯彻实施再到产生一定的效果需要花费相当一段时间。结合我国实际,本书将政策性农业保险标准化效果的滞后期设置为两年,则扩展的农业保险生产函数为:

$$\log Y = \log A + \lambda \log(IC) + \varphi \log(IS_{t-2}) + \alpha \log(K/L) + \mu$$

公式 5-5

表 5-3 2007—2014 年我国农业保险保费收入、赔款支付与农业保险品种数目

年份	保险公司数目	农业保险保费收入	农业保险赔付支出	农业保险品种数目
2007	15	51.8	32.8	5
2008	16	110.7	70	7
2009	21	133.8	101.9	9
2010	21	135.68	100.6	9
2011	22	173.82	89	14
2012	26	240.6	142.2	15
2013	29	306.6	208.6	15
2014	29	32.7	214.6	15

2007—2014 年农业保险保费和赔款支付数据来源于相关年份《中国保险年鉴》,农业保险品种来源于历年财政部发布的《关于政策性农业保险保费补贴比例的通知》。

表 5-4　　2005—2012 年我国农业保险标准数目统计标准

年份	国家标准数目	行业标准数目	地方政府标准数目	合计
2005	19	3	11	33
2006	21	5	13	39
2007	24	5	13	40
2008	25	7	15	49
2009	26	15	18	53
2010	29	16	22	63
2011	31	16	23	71
2012	33	18	25	76
2013	33	18	26	77
2014	35	20	26	79

从表 5-4 中，国家标准数目和行业标准数目通过中国标准化研究院网站、中国保险行业协会网站等查询得来，地方政府农业保险标准数目来源于各地方政府门户网站。

首先使用 ADF 检验法检验时间序列的平稳性。发现各时间序列呈现出非平稳的特征，对各个时间序列分别进行一阶差分和二阶差分计算，经过 ADF 检验结果发现在 5% 的显著性水平下，模型中各变量二阶差分序列都是平稳的。

三　实证分析

使用 Eviews6.0，采用最小二乘法对上述生产函数的模型进行估计，结果如表 5-5 所示。

表 5-5　　　　　　农业保险标准生产函数估计结果

变量	系数	Std. Error	T 统计值	Prob
D（logK/L）	1.7687733	0.312554	8.655499	0.0000
D（logIC）	1.780655	0.234122	7.23412	0.0601
D（logIS$_{t-2}$）	0.876331	1.723443	12.11343	0.08022
C	-70.54344	154.3422	-0.45765	0.80543
R^2	0.81002	—	—	—
调整后的 R^2	0.86551	—	—	—
DW 检验	2.348772	—	—	—
F 检验	23.74665	—	—	—

根据上表回归结果得回归方程：

$Log(Y) = -70.54344 + 1.7687733 log(K/L) + 1.780655 logIC + 0.806331 logIS_{t-2}$ 根据表 7-4 中的数据可以得到：样本回归系数 R^2 是样本回归线与样本观测值拟合优度的度量指标。上式中样本回归系数 R^2 为 0.81002，模型修正调整后的 R^2 为 0.86551，样本回归系数越接近 1，说明样本回归线对样本值的拟合优度越好，模型整体检验的 F 值为 23.74665，表明本书所构建的扩展的政策性农业保险标准化度量模型对所观测到的数据模型拟合较好。DW 统计量检验值为 2.348772，模型各变量序列之间不存在自回归。从回归结果各个变量的系数及其显著性来看，农业保险标准的回归系数为 2.876331，农业保险品种的回归系数为 3.780655，农业保险标准 p 值为 0.08022，其显著性水平为 10%，农业保险品种的 p 值为 0.061，由此可见农业保险标准变量和农业保险品种回归效果较好，具有较强的解释能力，根据实证研究的结果可知，当农业保险标准的数量增加1%时，农业保险保费收入增长0.80%，代表农业保险创新的农业保险品种增加1%时，农业保险保费收入增长1.78%，实证结果较符合实际，说明了国家、行业和地方政府层级农业保险标准的制定与贯彻实施有力地促进了我国农业保险行业的发展。

本章小结

从政府角度对政策性农业保险标准化进行绩效评价，主要考察政策性农业保险标准化对农业保险行业的整体影响。一方面政策性农业保险标准化可以提高农业保险经办机构的经营效率，增加农业保险的供给；另一方面，政策性农业保险标准化提高了农业保险服务质量，从而提高了农户对农业保险的需求。本章选取了标准化绩效评价普遍使用的柯布-道格拉斯生产函数模型，选取农业保险保费收入作为因变量，农业保险行业资本、人力资源、农业保险品种数目、农业保险标准数量等四个指标作为自变量，探索政策性农业保险标准化对农业保险发展的贡献程度。结果表明，农业保险标准的制定和实施显著地促进了农业保险的发展。

第六章 我国政策性农业保险标准化运行机制设计

全面推进政策性农业保险标准化工作，是保险业深入贯彻科学发展观、落实标准化法以及《国务院关于加快现代保险业发展的若干意见》中关于保险标准化相关要求的重要举措，是国家落实产业政策的重要手段。现实中的政策性农业保险标准化机制设计问题是制约当前我国政策性农业保险标准化发展的一大瓶颈。现有文献中对政策性农业保险标准化运行机制的研究尚属空白。本章以上文对我国政策性农业保险标准化的理论分析和绩效评价为基础，结合标准化过程理论和机制设计理论，对我国政策性农业保险标准化运行机制进行设计。

我国政策性农业保险标准化在整个保险业标准化建设的大背景下虽然取得了一些成绩，但与先进发达国家的政策性农业保险标准化相比，还有很大差距，根据前文绩效评价的结果可以看出，我国的政策性农业保险标准化主要存在以下问题。

（1）农业保险标准体系尚需进一步完善。根据第四章的评价研究的结果，现阶段我国的农业保险标准体系中，无论是农业保险综合标准中还是农业保险专项标准中关于业务品种、承保服务、理赔服务规范的标准较多，相对较完善，规范防灾防损服务的标准较少，同时未形成完整的政策性农业保险标准化体系。

（2）政策性农业保险标准化能够有效提高商业保险的经营效率。虽然各级部门在推进政策性农业保险标准化实施模式探索中取得了一定的发展，但距离全面实现政策性农业保险标准化还有一定的距离。政策性农业保险标准化人才的缺乏和经费制约使得企业层面的政策性农业保险标准化工作受到一定的限制。

（3）政策性农业保险标准化制度保障体系不够完善。我国政策性农业保险标准化的制度保障体系主要的是政策性农业保险标准化的法规政策和保障制度两个方面。近年来我国制定了一系列的法律文件《标准化法》《农业保险条例》《中华人民共和国保险法》等法律法规，这些法律法规为农业保险标准的制定和实施起到了一定程度的规范作用，但这些法律内容过于宽泛，没有涉及农业保险具体种类的标准化文件，没有专门关于保险标准化或政策性农业保险标准化的文件，说明我国政策性农业保险标准化工作缺乏相对完备的法律制度环境。

（4）政策性农业保险标准化过程中监督和评价环节的缺失。目前尚未形成对于农业保险标准的监督机制，政策性农业保险标准化评价理论研究和实践工作都处于空白阶段。政策性农业保险标准化监督机制的缺失。2006年以来，我国各项保险标准化工作不断推进，各项保险标准开始投入实施，但与保险标准实施配套的监督机制尚未建立，缺乏合理有效的监督机制来监督政策性农业保险标准化的执行情况，这些配套制度的不完善影响了农业保险经办机构的标准参与热情。

结合实证研究的结论，本章主要从三个方面讨论我国政策性农业保险标准化运行机制设计问题，首先探讨了政策性农业保险标准化体系的完善。农业保险标准体系是政策性农业保险标准化运行的载体。其次，探讨了政策性农业保险标准化过程设计。最后，以机制设计理论中的激励理论为基础，探讨政策性农业保险标准化运行机制设计。

第一节 农业保险标准体系的构建

完善农业保险标准体系是政策性农业保险标准化运行机制设计的前提。农业保险标准体系是政策性农业保险标准化工作的载体。我国政策性农业保险标准化工作的不断深入、标准化工作经验的不断积累，对保险标准体系的认识也在不断加深。为促进我国政策性农业保险标准化工作的开展，必须根据我国农业和农业保险的发展对政策性农业保险标准化体系进行评估、调整和完善。《中国保险业标准化十二五规划》中对保险标准体系总体框架进行了设计，如图6-1所示。结合该总体框架本书认为，我国农业保险标准体结构设计应该从以下三个方面的内容入手。

首先要进一步完善农业保险基础标准。农业保险基础标准是其他类别标准编制和引用的依据，是农业保险标准同其他标准联系的纽带，农业保险基础标准在农业保险标准化建设过程中应该优先拟定。其次是农业保险的通用类标准的建设和完善。农业保险通用标准应包括农业保险从业人员资格及行为规范、农业保险服务标准、农业保险应急管理等内容。农业保险通用类标准是养殖业保险标准、水产养殖业保险标准、涉农保险标准和其他保险标准均涵盖的内容。制定行业统一的农业保险服务标准，通过对从业资格及行为的规范可以保证从业人员的基本素质。对农业保险经办机构在各经营服务环节的行为做出规定，有效保护农业从业者的合法利益。最后，农业保险专项类标准的建设和完善。农业保险专项类标准针对每种农业保险的特点，对各层次的农业保险综合标准进行细化、具体化。农业保险专业类标准包括：农业保险责任与条款标准、农业保险单证标准、精算标准等内容。通过对保险责任与条款进行标准化，可以规范农业保险市场和农业保险产品，有利于农业保险的推广，同时可以减少法律纠纷。随着农业保险险种的增加，虽然各险种合同和单证内容不一致，但是保险要素、格式等可以统一规定。通过对农业保险单证进行标准化，可以保证农业保险合同、农业保险单证的内容全面以及逻辑严密。精算标准强调对精算实务方法的详细规范。农业保险精算标准的建立是科学厘定费率、农业保险金额及农业补贴标准的重要基础。

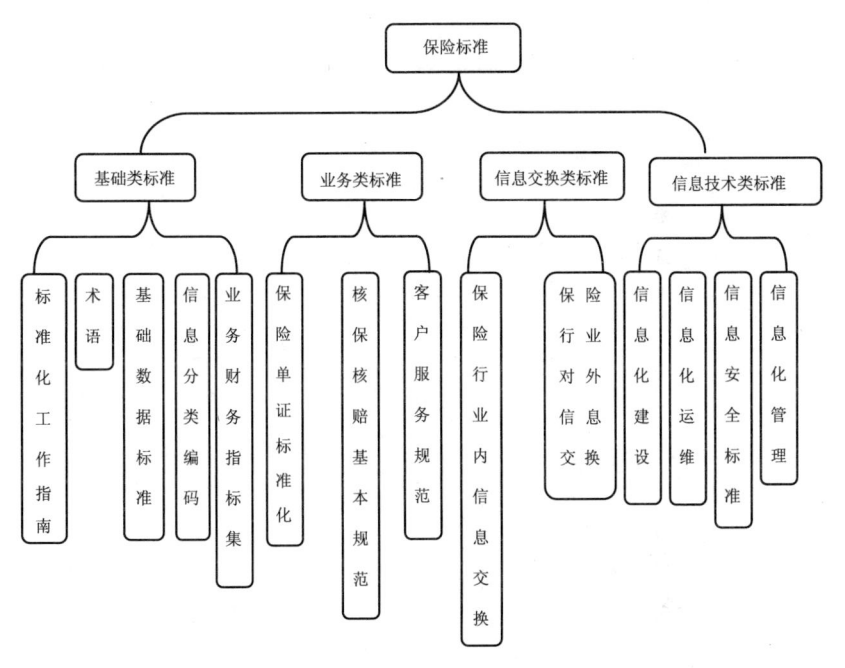

图 6-1　保险标准体系总框架

结合上文分析，本书对政策性农业保险标准体系结构设计如图 6-2 所示。农业保险标准体系框架分为农业保险基础标准体系、农业保险通用标准体系和农业保险专项标准体系三部分。农业保险基础标准主要是对农业保险标准工作中需要统一的技术术语、符号、代号、图形等所做的统一规定，在政策性农业保险标

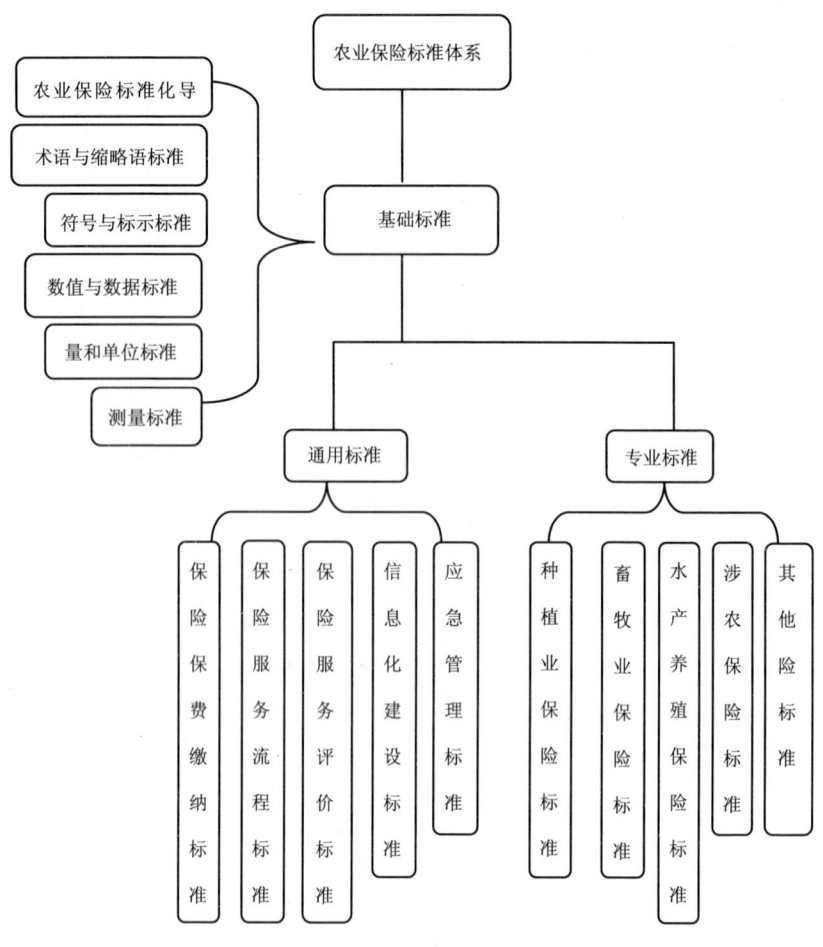

图 6-2　农业保险标准体系构成

准化的过程中，同时也应当注重通俗化，研究制订农业保险行业示范性条款文本。农业保险通用标准体系包括农业保险保费缴纳标准、农业保险服务流程标准、农业保险服务评价标准、其他标准等。以农业保险服务流程标准为例。农业保险服务流程标准化包括区域内理赔接报案、查勘定损、赔款支付方式以及防灾防损服务等流程的统一标准。从农业保险承保端的组织推动、承保管理和理赔端的报案、查勘、定损、理赔、防灾防损服务等环节着手，对农业保险服务的各个业务节点建立统一化、标准化的业务流程及操作规范，推进第三方公估试点，进一步规范农业保险服务工作。

农业保险专项类标准分为种植业保险标准、专业标准体系包括种植业保险标准、畜牧业保险标准、水产养殖业保险标准、涉农保险标准及其他标准。种植业保险标准包括种植业保险基本技术方法标准和其他标准。种植业保险基本技术方法标准包括：保险金额的确定、费率的确定、灾害损失评估技术标准化等相关内容。丁少群等（2011）提出鼓励利用遥感卫星、地理信息系统、无人机、气象分析等先进技术进行查勘定损。

畜牧业保险标准包括畜牧业保险基本技术方法标准和其他标准。畜牧业保险基本技术方法标准包括承保条件、保险责任的选择、责任免除、保险期限、保险金额及查勘定损与赔付标准等。水产养殖业保险标准包括水产养殖保险基本技术方法标准和其他标准。水产养殖保险基本技术方法标准包括保险对象、承保条件、保险责任、责任免除、保险期限、保险金额、费率厘定、赔偿处理等。涉农保险标准包括涉农保险基本技术方法标准和其他标准。

我们也必须清楚地认识到政策性农业保险标准化也是有风险的，这就要求我们对政策性农业保险标准化体系中的每一项标准的决策都要采取慎重态度，进行充分的协调和必要的技术经济论证。尽力减少标准的负面作用，把风险发生的概率降低至最低限度，真正确保政策性农业保险标准化实现系统管理、重点突破。

第二节　政策性农业保险标准化过程设计

一　标准化过程设计理论

我国标准化专家李春田最早对标准化过程理论进行论述，根据李春田等的理论，标准化三角形反映的是标准化的基本过程，标准化基本过程不停循环，构成了标准化的全过程。迁升是与变化着的客观环境对标准提出的新要求相适应的。标准化发展过程呈现的阶段性，就是迁升的表现。标准化的发展轨迹就是无数个不断迁升的三角形，标准系统控制的重要任务就是及时排除影响标准系统稳定和功能发挥的各种干扰，保持标准和标准系统的稳态。标准系统不是一个孤立的系统，其自身的稳定性受诸多因素的影响。原有的标准或标准系统会因为外界环境发生变化而不再适用，就要求标准化体系及时进行相应的改变，否则这个系统或者失效或者产生负效应，这就是标准化迁升发生的原因。由此可见,标准化迁升的动力源于外部环境,参与标准化迁升过程的人的能动作用决定了标准化迁升是否成功。

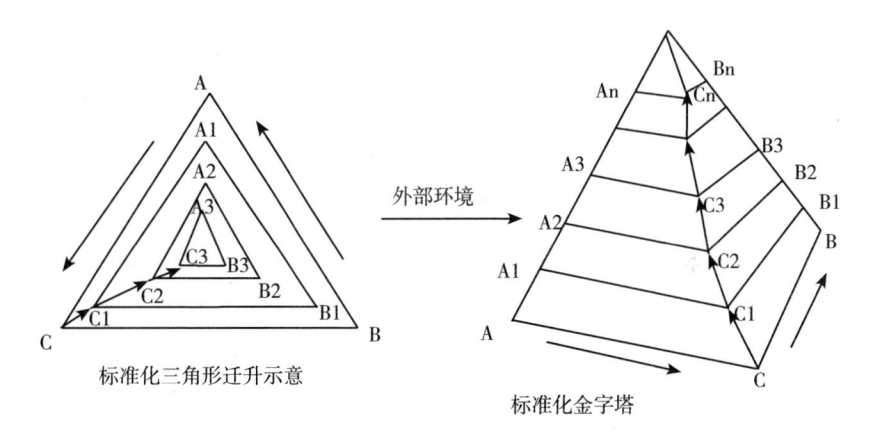

图6-3 标准化过程模式

标准水平是对标准和标准系统的适用性和先进性的直接体现,提高标准水平是长期以来标准化工作的主要目标,标准水平的提高是一个复杂的过程,是诸多方面的整合过程。标准水平通过持续化的改进才能得以提高,持续化的改进最终促进三角形的"迁升",提高了标准的个体水平进而提高了整个标准系统的整体水平。标准化过程控制理论。标准化管理的重要任务是标准化过程控制。标准系统是标准的存在方式。标准系统必须随着环境的变化而改变并能适应环境的要求。标准系统是一种无自组织、自适应能力的人工系统,必须对其进行管理和控制,否则标准既无法形成也难以有效地发挥作用。通过标准化过程管理，可以有效地降低过程阻力，提高资源和信息的循环效率。标准化活动的目的是通过标准的实施产生技术、经济效益和社会效益，然而由于标准化过程中，外部环境的多变性和复杂性，都要求及时地调整标准系统的结构和功能，调整标准化过程的目标，以适应外部环境。如果不能根据外部环境的变化及时进行调整，则一开始适用性比较好的优秀标准也会因为与外部环境的逐渐不适应而变得整体水平低下，标准化投入的增值效果不明显，甚至产生负效果。因此标准化过程控制的另一重要任务是保持的标准的适应性和适用性。标准化过程控制的关键是信息反馈。标准化过程是一个由许多过程链交织在一起的过程网络，这些过程之间既有资源和信息的输入、输出，也有资源的转换和信息反馈，彼此之间相互作用，相互要求。过程控制就是要使组成标准化过程网络的每个过程及过程中的每一项活动处于受控状态。控制的内容会因过程和活动的性质不同而有所不同，对其中的关键过程的控制，还应包括必不可少的评审、验证和确认等项内容。标准化信息控制包括以下关键环节和内容：标准化过程的状态信息、信息反馈渠道和反馈功能及双向的信息沟通。过程控制是标准化管理组织的基本职能和重要任务。为了实施有效的过程控制，首要的条件就是标准化组织管理要获得足够数量的信息，尤其是标准化过程的状态信息。如果实施控制的管理机构未能掌握较为准确的"状态信息",将无法进行标准化过程控制,从而影响标准系统功能的发挥。标准化信息反馈既是标准化过程的子过程也是标准化过程控制的一个重要组成部分。标准化信息反馈的基本功能就是反馈标准化过程的状态信息。该部分信息是标准化过程控制的依据同时也是标准化迁升的推动力。信息反馈的缺失将造成标准化过程管理和控制的主观性和盲目性。标准化信息反馈最为关键的是反馈渠道和反馈功能。标准化信息控制过程中信息的沟通应该是双向的信息沟通。一方面,标准化实施单位应该向标准化管理机构反馈标准化过程中的状态信息;另一方面,标准化管理机构也需要对接收到的反馈信息做出反应。双向的信息沟通是标准化过程的本质。双向的信息沟通要求在标准化过程中必须建立沟通渠道、明确沟通职能、保证信息质量、加快信息的传递速度、着力解决信息资源不足和信息不对称问题。通过建立标准信息系统可以有效地实现双向信息沟通。

标准化过程改进理论。标准化过程是信息转换过程,同时也是将输入的资源转化为输出的过程,通过标准化过程改进消除影响转化效率的因素,克服信息传递的阻力,有效实现增值转换。标准化过程改进也是适应相关方要求变化的需要。标准相关方的要求是经常变化的,因此标准化过程也必须具备持续改进的能力,以适应相关方的变化。标准化过程的改进是持续性的。标准化过程中随时随地都可能产生影响资源转换效率和转换质量的因素，即标准化过程阻力，同时，随着外部客观环境的变化，原有的标准水平、结构和功能也需要加以改进，这些因素都要求标准化过程必须持续改进，标准化就是在这个持续改进的过程中不断得到发展和提升。

政策性农业保险标准化运行机制设计原则：政策性农业保险标准化工作始终要服务于农业保险的科学、健康和快速发展。政策性农业保险标准化体系的完善和农业保险标准运行体制的构建必须服务于现代保险业改革发展的需要，对于已有的农业保险标准应根据保险业发展的新要求及时修订完善。政策性农业保险标准化工作必须服务于防范化解农业风险。防范化解风险时保险业永恒的主体。要防范和化解风险，需要完善相关制度、体系和规范，其中包括相关保险标准的建立。全行业形成统一的农业保险标准有助于明确风险边界，及时发现风险，防患于未然。政策性农业保险标准化工作必须发挥作用，助力商业保险公司的信息化建设。

二 政策性农业保险标准化过程设计

根据标准化过程理论，标准化过程由标准制定、标准实施、标准反馈与评价三个相互联系相互影响的过程组成。政策性农业保险的标准化过程也应该从这三个过程入手进行设计。

（一）政策性农业保险标准化体系规划与制定

由专门组织负责政策性农业保险标准化的相关工

作，首要任务是制定我国农业保险标准发展规划。标准化工作的顺利开展离不开权威性的组织机构。由全国金融标准化技术委员会保险分技术委员会或者成立政策性农业保险标准化工作委员会负责制定和落实政策性农业保险标准化发展规划，协调政策性农业保险标准化的相关工作。结合我国城镇化建设目标和农业发展的实际状况，尽快制定政策性农业保险标准化发展规划，明确政策性农业保险标准化发展目标和政策性农业保险标准化工作发展方向。政策性农业保险标准化发展规划的制定一方面应充分考虑政策性农业保险标准化各方面因素；另一方面也要突出政策性农业保险标准化建设的重点。农业保险的标准化发展规划要有充分的时间分析、研究和协调，充分考虑各种可能的影响因素，尽可能涵盖我国农业保险发展的各个方面。同时，政策性农业保险标准化发展规划也要突出重点，仅仅抓住我国农险保险发展过程中的主要矛盾。通过对重点的突出来解决主要矛盾，以此来促进我国农业保险制度的深化改革和完善。农业保险的标准化发展规划应该与保险法律法规相结合。《农业保险条例》正式颁布实施，标志着我国农业保险制度真正实现有法可依。在农业保险的标准化过程中，应以《中华人民共和国保险法》《中华人民共和国农业法》《农业保险条例》等的条文为依据来制定农业保险发展规划，努力做到发展规划与法律法规的有机结合。确定农业保险的标准内容，包括国家标准（地方政府标准)、行业标准、公司标准三个层次。充分发挥地方农业保险经办机构和标准化组织专业技术力量的作用，有序制定相关标准。首先应当进行农业保险标准需求调查。通过调查明确制定标准的目的和应满足的要求。调查的对象应当包括政策性农业保险制度的所有参与者，包括各级政府、商业保险公司和投保人。黄恒学等指出标准要能被广泛实行，就必须具有权威性、科学性。要使标准具有科学性、权威性则必须在制定标准时广泛采纳农业保险各方的意见，公平协商，使得各方对标准一致同意。以费率标准的制定为例，费率制定太低，虽然能够提高农业从业者的投保积极性，当时较低的费率导致经办机构无法实现精算平衡，最终导致其退出农业保险的经营。在调查的基础上进行试验研究论证。农业保险标准制定过程是政府资源投入的重点，也是关注的重点。农业保险标准的制定应公平协商并定期修改标准。针对农业保险发展较快的现状，结合商业保险公司农业保险业务拓展的需要，对已有农业保险标准及时评估和修订，特别注重各项政策性农业保险标准化标准之间、各层级农业保险标准之间的协调性和一致性。

(二) 农业保险标准的贯彻与实施

政策性农业保险标准化工作是包括农业保险标准的制定、农业保险标准的宣传、农业保险标准贯彻与实施、农业保险标准反馈信息的收集、农业保险标准的监督与检查以及农业保险标准修订等环节组成。政策引导是农业保险标准推广实施的重要推动力,中国保险业监督管理委员会、中国保险行业协会及各级政府相关部门应当发挥主导作用,指导开展农业保险标准的贯彻、实施工作。一是保监会作为行政主管单位可以就农业保险行业标准化工作以及企业本身的政策性农业保险标准化工作出台相关指导意见,从而提升全行业对政策性农业保险标准化工作重要性的认识,以及各保险机构自觉贯彻落实农业保险标准的意识。二是对有利于促进保险行业健康规范发展的重要农业保险标准,中国保险业监督管理委员会、中国保险行业协会及各级政府相关部门应着重鼓励和引导各保险机构加以遵循,从而达到规范市场、防范风险的目的。三是中国保险业监督管理委员会、中国保险行业协会及各级政府相关部门可以采取有效措施对保险机构实施农业保险标准的情况进行评估和督导,激励政策性农业保险标准化先进,促进政策性农业保险标准化落后的单位。首先由农业保险标准化委员会实施过程策划。可以采取"先试点,后推广"的方式,积极开展农业保险标准化试点。政策性农业保险标准化工作组织应持续跟踪各地标准化工作开展情况,指导地方自行开展试点以及农业标准的宣传、贯彻工作。进一步探索农业保险准化工作新模式。总结全国以及各地与政策性农业保险标准化专业机构的合作模式,探索加强与其他科研机构合作的新模式。其次是充分利用社会资源,尤其是系统外资源,取长补短,形成实用、适用的政策性农业保险标准化工作模式，宣导和培训时提高农业保险认知度的重要手段。农业保险新标准出台后首先应该通过多种形式和渠道如网络媒体、报纸杂志等发布标准出台的消息并加以宣传，让更多的人了解农业保险新标准，提高农业保险相关方对标准的认知度。同时对于从事与农业保险标准内容相关工作的保险从业人员，应定期进行培训，在学习农业保险标准的基础上，鼓励保险机构的相关从业人员在经办农业保险业务中积极遵循、使用各项农业保险标准。行业调查和自评是掌握农业保险标准实施效果的有效手段。大多数的农业保险标准都是推荐性标准，目前农业保险行业标准的服务对象和使用者以保险机构为主，通过了解和掌握各保险机构实施农业保险标准的实际情况和效果，鼓励更多的机构采用农业保险行业标准，收集农业保险标准实施过程中有益的反馈信息并应用于对政策性农业保险标准化后续工作的持续改进，是保证政策性农业保险标准化工作顺利推进的关键环节之一。保险业协会、保标委等保险组织在开展农业保险行业标准实施效果调查和测评时，更容易被保险机构接受。调查和测评结果应及时通过行业组织发布，这样一方面可以促使保险机构了解自身政策性农业保险标准化水平的发展状况；另一方面有助于公众对保险机构相关业务进行监督。

（三）农业保险标准信息反馈和评价工作

对于国家层次农业保险标准，要求相关方要及时地反馈信息，而且要建立起畅通的信息通道，确立处理农业保险标准信息的专门职能。政策性农业保险标准化信息反馈过程，实际上是要形成一个覆盖农业保险全国的信息沟通网络，通过信息沟通，实现政策性农业保险标准化过程的循环和农业保险标准体系的改进和完善。

（四）加强政策性农业保险标准化组织结构建设，为政策性农业保险标准化工作的深入推进提供保障

根据政策性农业保险标准化工作的需要，首先应进一步加大农业保险制定和实施机构的自身组织建设，不断提升政策性农业保险标准化工作水平。首先，吸收更多的农业保险业务专家参与到政策性农业保险标准化工作中。目前农业保险行业标准的制定正逐步由"以信息技术类标准为主"向"技术标准与业务、管理类标准并重"转变，需要更多的农业保险业务专家参与到保标委工作中，提高政策性农业保险标准化组织工作的专业性、多样性和权威性。加大政策性农业保险标准化工作宣传力度，搭建政策性农业保险标准化交流平台。例如利用政策性农业保险标准化网站宣传政策性农业保险标准化工作的最新动态、发布行业标准等，使之成为农业为保险标准化工作的信息交流平台。加强农业保险行业内协同，不断提升农业保险行业标准化工作的权威性。我国农业保险处于快速发展阶段，保险行业规范在逐步完善、形成之中，政策性农业保险标准化工作通过制定推进各项制度规范能促

进保险市场的发展。在政策性农业保险标准化过程中，政策性农业保险标准化主管机构应加强与监管部门的合作，在监管部门研究制定相关政策法规的时候可以首先考虑以标准化项目的形式进行前期的探索和研究，待发展成熟以后将标准上升为监管要求。加强对外沟通与合作，不断提升我国农业保险标准在国际国内农业保险和标准化领域的影响力。我国农业保险的发展离不开我国经济与社会发展的大环境。随着我国城镇化建设的不断推进，政策性农业保险标准化工作如何在城镇化大背景下为农业发展服务，成为一个亟待解决的问题，主动需求对外的共同合作是促进我国政策性农业保险标准化发展的一个突破口。政策性农业保险标准化工作通过多年的发展，对外与国标委、金标委等国际组织和机构都开展了大量的合作，建立了沟通机制和渠道。在接下来的发展中，应当进一步推进政策性农业保险标准化的国际合作。一是与国际标准委员会等标准化国际组织建立更为密切的联系，进一步明确农业保险标准在整个国家标准体系中的作用和地位，将政策性农业保险标准化体系首先纳入保险标准体系中，及时向相关研究部门报告政策性农业保险标准化工作的开展，积极寻求保险标准委员会和国家标准委员会的指导和帮助，对于有必要上升为行业标准或国家标准的农业保险标准，应积极推动其国际化。二是积极参与保险标准化委员会和金融标准化委员会的工作。作为金标委的分委员会，保标委应通过参与更多的金标委的工作从而发挥保险标准化在整个金融标准化领域中的作用,同时鼓励和推动更多的保险机构加入金融标准化委员会。三是推动各保险相关领域标准的共同开发和协调合作。推动行业内部农业保险与农村养老保险、农村医疗保险等保险标准化机构的合作与交流,促进跨行业如农业保险与银行证券、公安交通、医疗卫生等标准化机构的合作与交流,促进保险企业在开展行业内和行业间合作时形成标准河里,提高行业内和行业之间沟通效率。四是促进政策性农业保险标准化的国际合作。通过与国际相关组织开展相关课题研究,在吸收和借鉴国际政策性农业保险标准化成功经验的基础上,提升我国保险行业标准化能力和水平。

政策性农业保险标准化过程要与我国农村建设、农业发展相适应。坚持农业保险标准的制定与农业保险发展相适应,农业保险标准的实施与规范农业保险业务经办行为相结合,农业保险标准的实施效果评价与持续改进相结合,政策性农业保险标准化试点与农业保险发展相结合的原则。农业保险标准和别的标准一样,具有时效性,在实施的初期会促进农业和保险业的发展,但是随着我国"三农"问题的发展变化,某些农业保险标准将不能满足同农业发展的需求。所以应当进行定期结合业务、技术的发展对农业保险标准体系进行修订。

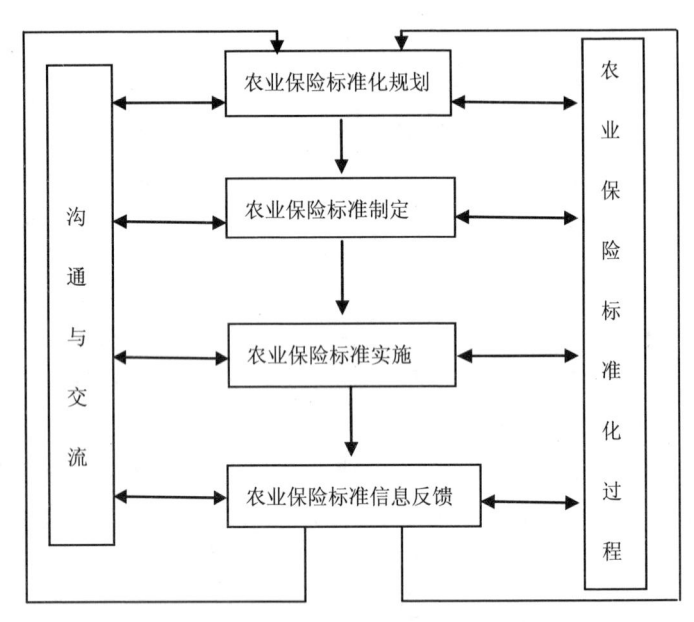

图 6-4　政策性农业保险标准化流程

第三节　政策性农业保险标准化运行激励机制设计

经济机制理论所讨论的是对于任意给定的一个经济目标，在自由选择、资源交换的分散化决策条件下，能否设计出、如何设计出一个经济机制，使得经济活动的参与者的个人利益和设计者既定的目标相一致。机制理论包括信息理论和激励理论。激励理论有时也被称为"委托—代理理论"，主要研究如何通过适当的制度或机制设计来改进各种效率损失问题。激励理论比较适用于市场机制改革和深化发展路径的分析和设计。根据程国平（2004），激励机制设计就是组织为了实现其目标，按照成员的需要，设计各种激励手段及其结构和关系，使整个机制规范化和相对固定化，成员充分发挥自身的积极性，以尽可能低的成本达到激励兼容的目的，同时实现组织目标和成员个人目标的过程。如图6-5所示，激励设计的内容包括五个方面的内容：第一，激励手段集合设计。激励集合手段也称为诱导因素集合，是指可以调动成员积极性的各种奖酬资源。在政策性农业保险标准化中，政府可以采用的激励手段包括协助培训、专项奖励等手段。第二，行为导向制度设计。行为导向制度设计是指充分了解成员的实际需求来设计措施，以使成员按照组织期望的方向努力工作。在政策性农业保险标准化过程中，政府的目标通过农业保险标准化规范商业保险公司的经营行为，而保险公司作为企业实体的目标是利润最大化，两者的目标是不一致的，这就需要通过设计一套行为导向制度，使得保险公司按照政府期望的方向来开展农业保险业标准化建设。第三，行为强化制度设计。行为强化设计就是将成员的努力水平调整在一定范围之内，防止成员对激励手段响应缓慢和强度弱化。如果商业保险公司实施农业保险标准，会增加经营成本，减少营业利润，其贯彻执行农业保险标准的积极性将会降低。第四，行为保持制度设计。为了使成员行为具有较好的持续性，防止行为短期化，通过合理选择和组合、运用各种激励手段来激励成员按照组织目标继续努力。在农业保险制度中，为了鼓励保险公司积极进行农业保险标准化，政府可通过商业保险公司培训专门人才、提供标准化研究补助等措施来激励商业保险公司进行农业保险标准化建设。第五，行为规划制度设计。通过行为规划设计，对成员进行教育或者处罚，使之行为符合组织的目标。五项内容构成了激励机制设计内容，在具体机制设计过程中这五项内容会以综合形式表现出来。激励机制形成伊始，就开始内在的作用于组织系统，使组织的机能处于一定的状态，并进一步影响组织的生存和发展。

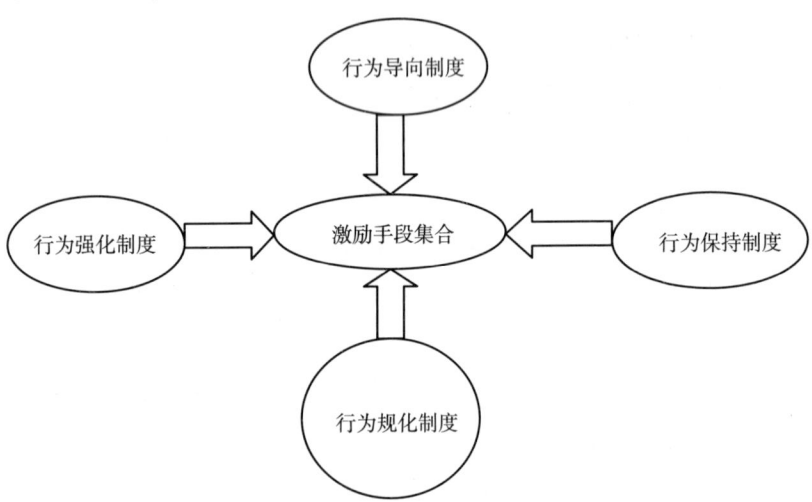

图 6-5 农业保险标准化激励机制构成

激励机制对组织产生的作用具有两种性质：助长

性和致弱性。助长性即激励机制对组织具有助长作用，是指一定的激励机制对成员的某种符合组织期望的行为具有反复强化不断增强的作用，通过这种助长作用，组织不断发展壮大，不断成长，实现着预期目标，我们称这样的激励机制为良好的激励机制。为实现激励机制的助长作用，则组织应该确定成员的真实需求，并努力将满足成员需要的措施与组织目标的实现相结合，这样能使激励机制的助长作用充分得到发挥。

在农业保险标准化运行过程中，作为激励措施制定者的政府和保险公司，应当充分考虑利用激励机制的助长性。例如，政府对保险公司进行标准建设提供的奖励优惠政策，奖励优惠的幅度是否能够弥补与保险公司经营农业保险标准化所投入的成本。保险公司激励员工积极贯彻执行各项农业保险标准所采取的各种措施，是否与员工的需求相一致。激励机制的致弱性是指由于激励机制中存在消极因素致使成员未能表现出组织所期望的行为。尽管激励机制设计的初衷是希望通过激励机制的设计和运行，能够有效调动成员的积极性，实现组织的期望目标。但是，或者是激励机制本身不健全，或者是激励机制不具有可行性，都会对一部分成员的行为起到抑制或削弱作用，在农业保险标准化过程中，政府对于商业保险公司贯彻执行各种标准提供各种奖励，能够激励商业保险公司，但也可能会导致保险公司道德风险事件的发生，比如商业保险公司编造资料来骗取政府奖励的行为。在一个组织当中，当对成员工作积极性起致弱作用的因素长期起主导作用时，组织的目标实现就会受到限制，直到威胁组织的生存。在农业保险发展过程中，对于存在致弱作用的激励机制，必须将其中的去激励因素根除，代之有效的激励因素。

本书基于农业保险激励机制的视角，把农业保险标准化运行激励机制分为政府激励和保险公司激励。政府的激励指对地方各级政府和商业保险公司的激励。商业保险公司的激励指商业保险公司对于员工参与农业保险标准化工作的激励。激励手段的设计要受到各种条件的制约，即要受到约束。从参与主体的角度来说，农业保险标准化受到的约束包括管理约束、供给约束和需求约束。

为了进一步促进农业保险标准化的建设，根据激励机制设计的五个方面，本书认为我国农业保险标准化运行机制可以通过以下五个路径来进一步完善。

（1）从激励手段集合设计的角度上看，多种激励手段综合适用，促进商业保险公司积极贯彻执行各项国家、行业和地方政府层面的农业保险标准，促进商业保险公司积极开展农业保险企业标准的制定和实施，促进农业保险从业人员在具体业务过程中对各项农业保险标准的执行。农业保险标准的制定不能仅仅建立在满足政府监管要求的基础上，应该以追求最大的市场使用性为目的，农业保险标准的制定应该为农业保险行业发展服务。因此，农业保险的运作模式应采取政府监督、授权机构负责，专业机构起草，全社会征求意见的运行机制。要更好地推动我国农业保险标准化的运行，需要政府、行业协会、商业保险公司三者紧密合作。利用行业协会和保险业监督委员会网站等保险行业内部的宣传媒体，采用多种形式宣传和普及农业保险标准化知识，对行业内员工进行农业保险标准知识宣传与教育。

根据激励手段集合设计，政府和行业协会可以通过设立专项奖励资金、人员培训等形式，对商业保险公司的农业保险标准化工作提供支持。商业保险公司可以采取顾客回访等方式考察员工对于各项标准的执行情况，根据调查结果给予奖励以此激励员工积极执行各项标准。

（2）从行为导向制度设计角度上看，加大农业保险标准化宣传，进一步完善农业保险标准化法律法规，为农业保险的深化改革提供制度支持。加大农业保险标准化的宣传力度和培训规模，使得商业保险公司科学认识农业保险标准化的积极作用，积极投保农业保险标准化建设。

（3）从行为强化制度设计角度上看，通过社会和公众监督来激励商业保险公司及其员工对农业保险标准的实施情况。保险业监督管理委员会和行业协会可以及时推广试点区域农业保险标准化的成功经验，通过示范效应，促进商业保险公司积极开展农业保险标准化建设。

（4）从行为保持制度设计角度上看，政府可以采取监督检查的方式对商业保险公司实施国家、行业和地方政府层面的农业保险标准的情况进行定期进行考察并形成长效机制，以督促商业保险公司积极实施各项标准。商业保险公司应当及时组织员工对新颁布的农业保险标准进行学习，并将农业保险标准执行情况纳入商业保险公司员工的绩效考评，使农业保险标准化工作深入人心。

（5）从行为规划制度设计角度上看，完善农业保险标准化相关的法律法规，虽然我国已经颁布了《中华人民共和国标准法》《农业保险条例》，但《农业保险条例》作为一部有国务院层面制定的行政法规，仅仅对我国农业保险制度建设、框架制定方面做了基本的规定。政府和行业组织应当进一步推进保险标准化相关法律法规的立法，为农业保险标准化发展提供环境支持。

本章小结

本章主要结合农业保险标准化绩效评价的结果，对我国农业保险标准体系和农业保险标准化运行机制进行设计。结合评价结果，我国农业保险标准体系应当增加防灾防损服务方面的标准，进一步加强承保服务标准和业务品种标准的制定和实施。商业保险公司开展标准化工作中存在标准化人才缺失及经费限制的问题，我国农业保险标准化运行机制应当采用政府主动模式，政府通过采取相应的激励措施激励各商业保险公司积极参与农业保险标准的制定和实施，鼓励商业保险公司建立和完善农业保险企业标准体系。

第七章 结论

本书以政策性农业保险标准化及其绩效评价为研究对象，从政策性农业保险标准化的发展现状入手分析，分别从农户、商业保险公司和政府的角度对政策性农业保险标准化的绩效进行评价，在评价结果的基础上对我国政策性农业保险标准化的运行机制进行了设计，研究结果对政策性农业保险标准化和农业保险的发展均具有理论意义和指导意义。

第一节 结论及其实践意义

本书首先对政策性农业保险标准化的相关研究文献进行了剖析，结合已有研究和标准化的相关概念，对政策性农业保险标准化的概念、性质、作用及发展现状进行了较为深入的研究论述，分别利用公共经济学理论和制度经济学理论对政策性农业保险的标准化进行了理论分析。采用生产函数分析法，基于政府的视角对政策性农业保险标准化的绩效进行了评价，实证研究发现：尽管我国政策性农业保险标准化尚处于发展的初步阶段，政策性农业保险标准化建设还存在着一些不足，但是基于政府的角度，政策性农业保险标准化显著地促进了农业保险的增长。根据实证研究的结论，本书认为我国应当完善农业保险标准体系，同时建立和完善政府主导型的标准化运行机制。

第二节　不足之处及未来研究

尽管本书在一定程度上对农业保险标准化绩效评价的相关问题上进行了较为深入的分析和研究，但是鉴于受到研究条件和多种因素的影响和制约，本书存在以下不足。

基于政府角度对政策性农业保险标准化进行绩效评价时，以"农业保险标准"这一变量仅包括国家农业保险、行业农业保险及地方农业标准，未包括各商业保险公司农业保险企业标准，有可能导致评价结果的不全面性。农业保险标准化绩效评价研究是农业保险标准化发展研究的一个重要的基础层面，不论是对于农业保险标准化的理论研究，还是对于促进我国农业保险标准化实践向更高层次发展都具有强大的推动作用。

对政策性农业保险标准化进行绩效评价时，仅仅从政府的角度进行了评价，政策性农业保险的参与人包括政府、商业保险公司以及投保人三方。本书未从商业保险公司及投保人的视角，对政策性农业保险标准化的绩效问题进行评价，这是本书的另一个不足。

本研究的主要内容和研究不足，笔者认为对于未来该方面的研究工作可以从以下几个方面开展。

（1）结合我国政策性农业保险深化改革和发展的方向，分析我国政策农业保险标准化体系的完善和深化发展。政策性农业保险标准化建设服务于政策性农业保险深化改革和发展，根据深化改革和发展的方向，未来的研究应着重于如何通过完善政策性农业保险标准化体系来促进政策性农业保险的深化改革和发展。进一步研究如何通过政策性农业保险标准化建设来解决政策性农业保险发展中出现的新问题等。

（2）通过构建评价指标体系等方法，从参保人的角度和商业保险公司的角度对政策性农业保险标准化的绩效进行评价分析。通过构建评价指标体系等方法，分别从参保人的角度和商业保险公司的角度出发对政策性农业保险标准化的绩效进行评价分析，使评价所涵盖内容更全面。这样有利于政策性农业保险标准化建设的全面推进。

附录1 我国保险行业标准表1

序号	标准编号	标准化名称	发布日期	修订发布日期	实施日期
1	JR/T0031-2007	银行保险业务人寿保险数据交换规范	2007-3-16		2007-3-16
2	JR/T0033-2007	保险基础数据元目录	2007-12-28		
3	JR/T0034-2007	保险业务代码集	2007-12-28		
4	JR/T0035-2007	保险行业机构代码编码规范	2007-12-27		
5	JR/T0036-2007	再保险数据交换规范	2007-12-28		
6	JR/T0037-2007	银行保险业务财产数据交换规范	2008-1-18		2008-1-18
7	JR/T 0038-2007	保险标准化工作指南	2008-1-18		2008-1-18
8	JR/T 0032-2009	2009版保险术语	2007-12-28	2009-3-2	2009-3-2
9	JR/T 0047-2009	保险公司统计分析指标体系规范	2009-3-2		2009-3-2
10	JR/T 0048-2009	保险基础数据模型	2009-3-2		2009-3-2
11	JR/T 0049-2009	寿险公司柜面服务规范	2009-3-2		2009-3-2
12	JR/T 0050-2009	寿险单证	2009-3-2		2009-3-2
13	JR/T 0051-2009	产险单证	2009-3-2		2009-3-2

续表

序号	标准编号	标准化名称	发布日期	修订发布日期	实施日期
14	JR/T 0053-2009	机动车保险数据交换规范	2009-4-3		2009-4-3
15	JR/T 0054-2009	巨灾保险数据采集规范	2009-4-3		2009-4-3
16	JR/T 0058-2010	保险信息安全风险评估指标体系规范	2010-7-15		2010-7-15
17	JR/T 0074-2012	保险业IT服务管理基本规范	2012-11-29		2012-11-29
18	JR/T 0075-2012	医保数据交换规范	2012-9-19		2012-9-19
19	0079-2013	保险业信息系统维护工作规范	2013-12-2		2013-12-2
20	0080-2013	石油石化工业巨灾保险数据采集规范	2013-11-25		2013-11-25
21	0083-2013	人身保险伤残评定标准及代码	2014-1-17		2014-1-17

附录 2　我国保险行业标准表 2

标准编号	标准名称
TIAC1-2016	农业保险服务通则
TIAC2-2016	商业保险职业分类与代码
TIAC3-2016	法医鉴定机构保险服务满意度评价指标
TIAC4-2017	意外事故原因分类与编码
TIAC5-2017	意外类保险产品分类与编码
TIAC6-2017	出口信用保险业务术语
TIAC7-2017	保险业灾备建设基本要求
TIAC8-2017	保险业公有云资源管理基本要求
TIAC9-2017	养老保障管理业务数据交换规范
TIAC10-2017	人寿比例再保险合同规范
TIAC11-2017	人寿巨灾超赔再保险合同规范
TIAC12-2017	保险经代公司服务规范 人身保险部分
TIAC13-2017	保险经代数据交换标准 人身保险部分
TIAC14.1-2017	责任保险承保指引第 1 部分：医疗责任保险
TIAC14.2-2017	责任保险承保指引第 2 部分：道路旅客运输承运人责任保险
TIAC15-2017	电网行业 20kV 及以下配电网资产保险定损规范
TIAC16-2017	《保险机构资金运用风险责任人信息披露准则规范》
TIAC17-2017	《财产再保险合约分保业务操作指引》
TIAC18-2017	《财产再保险临时分保业务操作指引》

参 考 文 献

李军：《农业保险的性质、立法原则及发展思路》，《中国农村经济》1996年第1期。

庹国柱等：《美、加、日农业保险立法的比较与借鉴》，《法学杂志》2000年第6期。

王亚军：《俄罗斯农业保险改革之我见》，《保险研究》1999年第2期。

黄延信：《西班牙、意大利、葡萄牙三国农业保险体制及政府农业部门的作用》，《农业经济问题》2008年第2期。

邢炜：《墨西哥巴西农业保险对我国农险的启示》，《保险研究》1999年第2期。

罗帅民、郭永利、王效绩：《菲律宾的农业保险计划》，《保险研究》1997年第5期。

罗帅民、郭永利、王效绩：《塞浦路斯的农业保险》，《保险研究》1998年第4期。

王明初、钟明：《发展农业保险的若干设想》，《财经研究》1986年第12期。

王治民：《我国农业保险的发展前景广阔——兼谈

减轻农民保费负担问题的几点设想》,《中国金融》1986年第9期。

徐文虎:《我国农业保险的现状及对策》,《世界经济文汇》1987年第4期。

张平:《关于农业保险几个问题的探讨》,《吉林财贸学院学报》1987年第4期。

温远达:《农业贷款与农业保险》,《四川金融》1988年第10期。

郑经恩:《开拓农业保险的几点设想》,《浙江金融》1988年第6期。

高荣根:《掌握灾害事故特点 搞好农业保险》,《浙江金融》1989年第8期。

夏道毅、胡若昭、李国斌:《试论农业保险发展的现状暨对策》,《银行与企业》1989年第9期。

颜廷志:《农业保险职业道德》,《道德与文明》1990年第6期。

蒋和平:《我国农业保险问题的探讨》,《农业现代化研究》1991年第2期。

杨松海:《走互助合作道路 发展我国农业保险》,《四川金融》1991年第10期。

郑秋根:《我国农业保险的现实问题及发展战略》,《浙江金融》1991年第3期。

胡旭方:《略论我国农业保险存在的若干问题》,《财经研究》1992年第1期。

景永平:《农业保险条件下的资源分配效应刍议》,

《农业技术经济》1992年第3期。

杨满社、丁少群：《从农业保险理论看我国农业保险发展》，《金融研究》1993年第6期。

丁少群、马春晖：《论发展我国农业保险的阶段性模式》，《经济问题》1993年第10期。

戴善昌：《成立农业保险公司的设想》，《四川金融》1993年第1期。

陕西省保险公司农险课题组：《试论我国农业保险发展的道路问题》，《干旱地区农业研究》1993年第4期。

申曙光：《农业保险体制改革的总体构想》，《农业现代化研究》1994年第3期。

王通：《关于我国农业保险经营模式的探讨》，《保险研究》1994年第5期。

沈达尊：《论我国农业保险体制与从业人员培养》，《中国农村经济》1994年第6期。

周海波：《对农业保险模式的设想》，《财经科学》1994年第6期。

梅方权、杨建仓、王燕明：《中国农业保险的战略选择》，《农村经济与社会》1994年第4期。

郑功成：《西班牙的农业保险制度》，《世界农业》1989年第6期。

郭永利：《论我国农业保险运行方式的选择》，《保险研究》1995年第3期。

丁少群、高文平：《我国农业保险的险种选择》，

《保险研究》1995年第6期。

王艳平：《对农业保险制约因素的分析》，《山西财经学院学报》1994年第4期。

黎淑英：《日本的农业保险制度》，《保险研究》1994年第2期。

赵晓光：《日本的农业保险》，《农业经济》1984年第2期。

朱淑芳、赖景生：《建立中国的农业保险体制》，《农业经济问题》1994年第5期。

费德盛：《重视开展中国式农业保险研究》，《科技导报》1986年第2期。

葛孚桥：《掌握农业保险特点 发展农业保险事业》，《江西财经学院学报》1987年第5期。

丁少群、庹国柱：《国外农业保险发展模式及扶持政策》，《世界农业》1997年第8期。

孙文军：《中国农业保险模式的比较与选择》，《理论与改革》2000年第1期。

张慧茹：《指数保险合约——农业保险创新探究》，《中央财经大学学报》2008年第11期。

谢家智、蒲林昌：《政府诱导型农业保险发展模式研究》，《保险研究》2003年第11期。

施红：《政府介入对政策性农业保险的运作效率影响的分析》，《农业经济问题》2008年第12期。

顾海英、张跃华：《政策性农业保险的商业化运作——以上海农业保险为例》，《中国农村经济》2005

年第 6 期。

邢郦、黄昆：《政策性农业保险保费补贴对政府财政支出和农民收入的模拟分析》，《农业技术经济》2007 年第 3 期。

宁满秀、邢郦、钟甫宁：《影响农户购买农业保险决策因素的实证分析》，《农业经济问题》2005 年第 6 期。

陈年红：《我国农业自然灾害和农业保险问题研究》，《农业经济问题》1996 年第 8 期。

王国敏：《我国农业保险应用新思路》，《财经科学》1996 年第 3 期。

费友海：《我国农业保险发展困境的深层根源——基于福利经济学角度的分析》，《金融研究》2005 年第 3 期。

谢家智：《我国农业保险发展的问题与对策》，《农业经济问题》1999 年第 5 期。

曾宪影：《试论我国农业保险基金的现状和发展》，《审计与经济研究》2000 年 2 月。

张跃华等：《市场失灵、政策性农业保险与本土化模式——基于浙江、上海、苏州农业保险试点的比较研究》，《农业经济问题》2007 年第 6 期。

张跃华等：《农业保险需求不足效用层面的一个解释及实证研究》，《数量经济技术经济研究》2005 年第 4 期。

龙文军、张显峰：《农业保险主体行为的博弈分析》，《中国农村经济》2003年第5期。

王明涛、夏厚俊：《农业保险体系的微观基础——农业互助保险组织》，《农业经济》2002年第4期。

陈妍、凌远云、陈泽育：《农业保险购买意愿影响因素的实证研究》，《农业技术经济》2007年第2期。

秦立生：《农业保险发展要创新——科技兴农企业与保险公司合作双发展》，《中国保险报》2002年3月13日第6版。

曹前进：《农业保险创新是解决农业保险问题的出路》，《财经科学》2005年第3期。

丁少群：《农村灾害管理：防赔结合的农业保险模式》，《中国农村经济》1996年第1期。

李勇杰：《论农业保险中道德风险防范机制的构筑》，《保险研究》2008年第7期。

任泽华：《论农业保险的准公共物品属性定位》，《保险职业学院学报》（双月刊）2008年第1期。

郭永利：《论农业保险的政策性及其发展空间》，《农业经济问题》1999年第8期。

刘祖疆：《论开办农业保险的一些问题——从新疆兵团保险公司的实践谈起》，《保险研究》2000年第4期。

李军、张丽君、庹国柱：《加快农业保险法律建设势在必行》，《保险研究》1999年第2期。

李明强、叶文嬿、沈双莉：《关于农业保险中保险人主体的探讨——商业保险公司经营农业保险的研究》,《农业经济问题》2006年第7期。

乔桂明:《论我国农业风险与农业保险的变革》,《农业现代化研究》2002年第5期。

孙蓉、韩文龙、王向楠:《中国农业保险公司的规模经济和范围经济研究》,《保险研究》2013年第12期。

刘璐、韩浩、马文杰:《政府支农政策对农业保险需求的影响机制研究》,《农业经济问题》2016年第10期。

何小伟、庹国柱、李文中:《政府干预、寻租竞争与农业保险的市场运作——基于江苏省淮安市的调查》,《保险研究》2014年第8期。

张芳洁、刘凯凯、柏示林:《政策性农业保险中投保农户道德风险的博弈分析》,《西北农林科技大学学报》(社会科学版)2013年第4期。

苏占伟:《政策性农业保险制度运行中的问题及优化对策——以河南省为例》,《保险研究》2015年第4期。

周文杰:《中国政策性农业保险效率研究——基于交易成本角度》,《保险研究》2014年第11期。

周县华等:《自主投保还是强制投保——农业保险的投保形式及最优保费补贴比例研究》,《保险研究》2017年第2期。

高庆鹏等:《政策性农业保险巨灾风险分担模式比较——以北京、江苏、安徽为例》,《保险研究》2012

年第 12 期。

聂荣等：《政策性农业保险福利绩效研究——基于辽宁省微观数据的证据》，《农业技术经济》2013 年第 4 期。

王国军等：《我国农业保险不对称信息实证研究》，《保险研究》2017 年第 1 期。

江生忠等：《我国农业保险保费补贴效率及其影响因素分析——基于 2010—2013 年省际面板数据》，《保险研究》2015 年第 12 期。

张跃华等：《市场失灵、政府干预与政策性农业保险理论——分歧与讨论》，《保险研究》2016 年第 7 期。

丁少群等：《嵌入性视角下政策性农业保险的隐忧及其可持续发展》，《保险研究》2012 年第 5 期。

陈晓安等：《农业保险中的政府角色：理论诠释与中国的选择》，《保险研究》2012 年第 2 期。

余博等：《农业保险市场供求失衡成因探析——农业保险排斥视角》，《农村经济》2014 年第 4 期。

张小东等：《农业保险对农民收入影响的区域差异分析——基于面板数据聚类分析》，《保险研究》2015 年第 6 期。

何小伟等：《农业保险大灾风险分散机制的财政支持依据及路径选择——以吉林、安徽、四川三省为例》，《农业经济问题》2013 年第 10 期。

吕晓英等：《农业保险大灾风险分散方式的模拟研究》，《保险研究》2014 年第 12 期。

何文炯等：《〈农业保险条例〉几个问题的看法》，《保险研究》2012年第9期。

林乐芬等：《农户对政策性农业保险理赔评价及影响因素分析——以江苏省养殖业为例》，《南京农业大学学报》（社会科学版）2017年第3期。

温燕：《农产品价格对农业保险投保及道德风险的影响：一个理论框架及政策建议》，《保险研究》2013年第9期。

邱波等：《巨灾风险视角下的我国政策性农业保险效率研究》，《农业经济问题》2016年第5期。

黄亚林等：《基于协同度提高的政策性农业保险问题研究》，《保险研究》2014年第1期。

郭军等：《我国政策性农业保险主体利益协同度分析》，《华中农业大学学报》（社会科学版）2016年第2期。

肖卫东等：《公共财政补贴农业保险：国际经验与中国实践》，《中国农村经济》2013年第7期。

邓义等：《基于契约执行机制视角的农业保险监管研究》，《农业经济问题》2013年第4期。

周延等：《我国政策性农业保险主体有效合作的博弈分析》，《西南金融》2010年第4期。

俞雅乖：《有效需求、道德风险：农业产业化和政策性农业保险》，《经济问题探索》2009年第1期。

杜辉等：《中国政策性农业保险制度的理性反思》，《江西财经大学学报》2010年第4期。

朱俊生等：《中国农业保险制度模式运行评价——基于公私合作的理论视角》，《中国农村经济》2009年第3期。

施红：《政策性农业保险中的保险公司激励机制研究》，《保险研究》2010年第5期。

金大卫等：《政策性农业保险的道德风险调控初探——基于信息经济学的视角》，《农业经济问题》2009年第10期。

杨新华等：《我国政策性农业保险发展的财政激励问题》，《保险研究》2010年第3期。

陈盛伟：《我国政策性农业保险的运行情况与发展对策》，《农业经济问题》2010年第3期。

程静：《我国农业保险市场的信息不对策及其规避路径》，《农村经济》2010年第5期。

袁辉、李永芳：《我国农业保险市场的非均衡性分析与对策思考》，《统计与决策》2010年第21期。

魏华林、吴韧强：《天气指数保险与农业保险可持续发展》，《财贸经济》2010年第3期。

周建波、刘源：《农业保险市场中政府责任定位的经济学分析》，《农业经济问题》2010年第12期。

李林、王健、王丽萍：《农业保险的消费满意度研究》，《农村经济》2010年第1期。

杨卫军、郭晨阳：《农业保险的低水平均衡：交易费用及其外部性视角的分析》，《农村经济》2010年第1期。

侯玲玲、穆月英、曾玉珍：《农业保险补贴政策及其对农户购买保险影响的实证分析》，《农业经济问题》2010年第4期。

张祖荣：《农业保险补贴问题的经济学分析》，《江西财经大学学报》2009年第2期。

欧阳越秀等：《逆向选择、系统性风险和政策性农业保险可持续发展》，《保险研究》2010年第4期。

姜岩等：《交易成本视角下的农业保险研究——以江苏省为例》，《农业经济问题》2010年第6期。

王新军、赵红：《基于机制设计理论的我国农业保险的深化改革与发展》，《理论学刊》2014年第6期。

赵红：《我国农业保险制度中商业保险公司激励问题研究》，《安徽农业科学》2014年第12期。

赵红：《基于高效生态农业需求的农村金融创新》，《合作经济与科技》2013年第8期。

赵红、王新军：《我国农业转移人口市民化推进研究——基于机制设计理论》，《西北农林科技大学学报》（社会科学版）2015年第3期。

李春田：《标准化概论》，中国人民大学出版社2013年版。

黄恒学、张勇：《政府基本公共服务标准化研究》，人民出版社2011年版。

庹国柱、谢小亮：《中国农业保险发展报告2013》，中国农业出版社2013年版。

庹国柱、赵乐、朱俊生：《政策性农业保险巨灾风险管理研究：以北京市为例》，中国财政经济出版社 2010 年版。

庹国柱、王国军、段家喜：《"三农"保险创新与发展研究》，中国金融出版社 2009 年版。

庹国柱、王国军、朱俊生：《制度建设与政府责任：中国农村社会保障问题研究》，首都经济贸易大学出版社 2009 年版。

裴光、徐文虎：《中国保险业标准化理论研究》，中国财政经济出版社 2008 年版。

黄新华：《公共经济学》，清华大学出版社 2014 年版。

庹国柱、李军：《农业保险》，中国人民大学出版社 2005 年版。

袁庆明：《新制度经济学》，中国发展出版社 2014 年版。

郭树华等：《中国农业保险经营模式的选择研究》，人民出版社 2013 年版。

程国平：《经营者激励——理论、方案与机制》，经济管理出版社 2002 年版。

赵元凤、冯平：《内蒙古自治区 2012 年农业保险保费补贴绩效评价》，北京中国农业科学技术出版社 2013 年版。

黄英君：《机制设计与发展创新——破解中国农业保险困局》，商务印书馆 2011 年版。

王艳花：《陕西农业标准化经济效应研究》，西北农林科技大学，2012年。

王晓红、徐革玲：《现代物流标准化与包装标准化》，《包装工程》2005年第2期。

董熙：《物流标准化促进仓储物流企业竞争力提升——以C物流企业为例》，《物流技术》2014年第22期。

刘琛：《物流标准化对制造业和物流业协同发展的影响研究》，广东外语外贸大学2014年版。

周永博、谢雨萍、李肇荣：《乡村旅游标准化研究》，《桂林旅游高等专科学校学报》2005年第4期。

林章林：《区域旅游合作背景中的旅游标准化研究——长三角案例》，上海师范大学，2010年4月。

杨彦峰、蒋艳霞、李鹏：《标准化的模型与方法——经由旅游标准化实践的理论构建》，《旅游学刊》2012年第8期。

王国华、温来成：《基本公共服务标准化：政府统筹城乡发展的一种可行性选择》《财贸经济》2008年第3期。

张立荣等：《论当代中国政府治理范式的变迁机理与革新进路》，《中国行政管理学会会议论文集》，广东佛山，2006年。

丁元竹：《基本公共服务均等化应建立标准》，《中国经济导报》2009年7月23日。

王彩梅：《规范化、标准化在金融电子化中的作用》《中国金融电脑》1994年第12期。

蒋禄秋、蒋遄：《个人金融服务标准化》，《西部论丛》2004年第4期。

张换社：《农村金融服务的标准化探索》，《金融时报》2004年5月25日。

张振生：《浅析商业银行的标准化服务》，《河北省社会主义学院学报》2009年第3期。

白丽娜：《转制后的莆田农商银行服务标准化建设研究》，《兰州理工大学》2013年9月。

曹军：《现代型银行标准化管理构想》，《南京金融高等专科学校学报》2001年第1期。

刘艳玲：《标准化管理在银行经营管理中的作用与运用》，《金融纵横》2007年第23期。

高芳：《基于标准化流程的M银行操作风险控制研究》，辽宁大学，2012年。

罗璇：《农行标准化基层管理系统的设计与实现》，硕士学位论文，厦门大学，2014年。

裴光：《加快标准化发展　促进信息化建设　中国保险报》，2006年9月25日2006年中国首届保险业管理信息化高峰论坛专题。

黄恒学等：《政府基本公共服务标准化研究》，人民出版社2011年版。

党艳凝：《社会保险服务标准化研究》，西北大学，2013年。

魏加贝：《新型农村社会养老保险的标准化建设》，《孝感学院学报》2012年第4期。

孔媛:《我国养老保险标准化问题研究》,硕士学位论文,吉林大学,2012年。

袁泉等:《加拿大医疗保险信息标准化及其对我国的启示》,《医疗信息学杂志》2012年第3期。

熊先军等:《我国医疗保险标准化建设现状及建议》,《中国社会医学杂志》2012年第6期。

王薇、贾金荣:《政策性农业保险保费补贴额度研究——以陕西省为例》,《金融经济》2011年第10期。

崔海蓉、张京波、何建敏:《基于WT—SVM—非参数方法的农业保险费率研究——以山东省棉花保险为例》,《西安电子科技大学学报》(社会科学版)2013年第2期。

梁来存:《政策性农业保险的政府保费补贴额度的测算》,《统计与决策》2012年第20期。

陈志田:《关于标准实施效果宏观评价体系的研究》,《世界标准化与质量管理》2004年第4期。

杨锋、王益谊、王金玉:《标准化的经济效益研究综述》,《世界标准化与质量管理》2008年第12期。

安佰生:《标准化的准公共物品性与政府干预》,《中国标准化》2004年第7期。

葛京等:《标准化活动中的政府参与及其借鉴》,《科学学与科学技术管理》2008年第8期。

王益谊等:《标准化活动的福利效应——研究综述与展望》,《世界标准化与质量管理》。

陈阳等:《标准化与中国汽车产业发展的实证研

究》,《湖南社会科学》2009年第3期。

杨丽娟:《标准对中国出口增长的影响》,《广东商学院学报》2012年第6期。

朱慧敏等:《农业标准化示范区与农业产出增长——以安徽省为例》,《西北农林科技大学学报》(社会科学版)2012年第4期。

曾海波:《物流标准化绩效评价体系研究》,硕士学位论文,广东外语外贸大学,2006年。

卓国雄:《基于标准化和适应性协调的银行顾客感知服务质量模型、测度指标及其实证研究——以中国市场高端个人客户为样本》,博士学位论文,南开大学,2009年。

李上:《公共服务标准化体系及评价模型研究》,博士学位论文,中国矿业大学(北京),2010年。

李炯:《旅游服务标准化效益评价研究》,硕士学位论文,广西师范大学,2014年。

丁少群等:《政策性农业保险在我国的发展研究——基于风险管理视角的制度分析》,西南财经大学出版社2012年版。

庹国柱等:《农业保险》,中国人民大学出版社2005年版。

Goodwin, Barry K., Vincent H. Smith. The Economics of Crop Insurance and Disaster Aid [M]. Washington, DC: The AEI Press, 1995.

Joseph W. Glauber, Keith J Collins. Risk Management

and the Role of the Federal Government [M].USDA, 2001, Washington, D.C..

Sherrick, B.J., Factors Influencing Farmers' Crop Insurance Decisions [J].American Journal Agricultural Economics, February 2004 (86): 103-114.

Richard E. Just, Linda Calvin, John Quiggin, Adverse Selection in Crop Insurance: Acturial andAsymmetric Information Incentives [J].American Journal of Agricultural Economics, 1999, Vol.81, Issue 4: 834-850.

Ahsan S., A.Ali and N.Kurian, Toward a Theory of Agricultural Insurance [J].American Journal of Agricultural Economics, 1982, 64: 520-529.

Wright B.D.and J.D.Hewitt, All risk crop insurance: Lessons from Theory and Expericence, Economics of Agricultural Crop Insurance: Theory and Evidence [M].Kluwer Academic Publishers, 1994.

Knight T.O.and K.H.Coble, Survey of U.S.Multiple Peril CropInsurance since 1980 [J].Review of Agricultural Economics, 1997, 19 (1): 128-156.

Miranda M.J.and J.W.Glauber, Systemic Risk, Reinsurance, and the Failure of Crop Insurance Markets [J].American Journal Agricultural Economics, 1997, 79: 206-215.

Ken Krechmer, Fundemental Natureof Standards: Technical Perspective, IEEE Communications Magazine,

Vol.38, 6, June, 2000, p.70.

Hemenway, David, Industry - Wide Voluntary Product Standards.Ballinger Publishing Co., Cambridge, 1975.

Turvey C. G. and J. Zhao, "Parametric and Non - Parametric Crop Yield Distributions and their Effects on All-Risk Crop Insurance Premiums." Department of Agricultural Economics and Business the University of Guelph, Ontario, January 1999.

Anton, J., Agricultural Policies and Risk Management: A Holistic Approach. Proceedings of 108th EAAE Seminar on Income Stabilization.Warsaw OECD, February 2008.

Babcock B. and C. Hart, A Second Look at Subsidies and Supply.Iowa Ag Review, 2000.

Chambers, R.G.and J.Quiggin, "Decomposing Input Adjustment under Price and Production Uncertainty." American Journal of Agricultural Economics, 2001 (83): 20-34.

Skee, Jerry R., "Agricultural Insurance Programs: Challenges and Lessons Learnded, Workshop on Income Risk Management", Session4: From risk - Pooling to Safety Nets: Insurance System OECD, May 2000.

Goodwin, Barry K., Monte Vanderveer, and John Deal. The Federal Crop Insurance Programs: An Empirical Analysis of Regional Differences in Acreage Response and Participation Selected at the American Agricultural Economies Association's, Annual Meeting, Chicago, 2001.

H. Holly Wang, Steven D. Haxison, Robert J. Myers & J. Roy Black, The Effects of Crop Yield Insurance Designs on Farmer Participation and Welfare, American Journal of Agricultural Economics, 1998, 80 (4): 806-820.

Hazell, P.B.R., Pomareda, C., Valders, A., Crop Insurance for Agricultural Development: Issues and Experience [M].Baltimore: The Johns Hopkins University Press, 1986.University Press, 1986: 117-125.

Heady, E.O., Economics of the Farm Divesifiction Problem [J].J.Fm.Econ, 1954, 49 (3): 610-621.

Siamwalla, Valdes. Should Crop Insurance be Subsidized? [A]. Hazell, P. B. R., Pomareda, C., Valdes, A.Press, 1986.University Press, 1986: 117-125.

Mahul, Olivier and Stutley, Charles J. Government Support to Agricultural Insurance: Challenges and Options for Developing Countries.World Bank, 2010.

Gardner, B. L., A Crop Insurance in U. S. Farm Policy.In D.L Hueth and W.H.Furtan, eds., The Economics of Agricultural Policies. New York: McGraw-Hill, 1990.